让孩子受益终生的

小游戏中的大学问

彩绘注音版

总策划／邢涛

主　编／龚勋

RANG HAIZI
SHOUYI ZHONG SHENG DE
XIAO YOUXI ZHONG DE
DA XUEWEN

汕头大学出版社

一生的世界从小处开始！

　　孩子眼中的世界很大，大得让他们望不到边际；孩子眼中的世界很小，小得仿佛整个世界都在他们身边。他们对外界事物的认识和理解很直接，都是从一点一滴、一花一叶开始的。很多影响他们一生的重要观念与行为模式，往往源自一个很小、很早的故事，一则很小、很老的格言。然而不知从何时起，这一粒小小的种子就开始在他们心中生根发芽，从此再也难以拔除。他的一生中虽然还会读到很多书，认识数不清的人，但他仍将无数次回到那些小小的"老地方"。这些小小的"老朋友"可比许多伟人的丰功伟绩、大师的谆谆教诲更让他倍感亲切，以致终生难以忘怀。

　　这里面会有：几段小故事、几句小格言、几条小成语、几篇小童话……它们仿佛一套套魔法，统统装在一个记忆的"百宝囊"中，在你最需要帮助的时候忽然跳出来，帮你解决不知该怎样对付的难题，克服仿佛克服不了的困难。它们就是有这么神奇的力量，屡试不爽，让我们受益终生！

　　小中见大，平中见奇，大千世界的奥妙就隐藏在最不起眼的小地方。愿所有的孩子们通过这套"小"书获得有关人生的"大"智慧、有关世界的"大"知识！

世界儿童基金会　林春富

一套解决"大"问题的"小"书！

每个人都会面临许多问题，我们的一生都在不断解决问题。解决问题要靠好的方法。方法有很多来源，有的来自书本，有的来自生活实践，有的来自别人的体会……解决的问题多了，我们会发现，最管用的方法往往不是什么高深莫测的理论，而是一些看上去普通平常的办法。这套"让孩子受益终生的小大系列"丛书选取、整理了古今中外闪烁着智慧光芒的各类故事、寓言、童话、格言、探案、游戏等等，通过具体生动的形式，将隐藏在生活中的各种解决问题的好办法一一呈现给孩子，是献给孩子们的一套好礼物！

这套书为孩子们打开了一道道阿里巴巴的宝藏之门，在这些门的后面不仅有妙趣横生的故事，还有着人生道路上不可或缺的知识和智慧。孩子们通过阅读这套书，能够在故事中明白道理、在成语中获取智慧、在错误中看到发明、在格言中理解幸福、在游戏中增长学问、在侦探中学习科学、在童话中得到启迪、在寓言中领会哲理。

希望这套书能成为孩子们童年时期的智慧良友、心灵伙伴，让孩子们在轻松的阅读和愉快的享受中，渐渐领略世界与人生的丰富和奇妙。当他们在成长的过程中面临一个个问题需要解决时，这些童年时就开始陪伴他们的好伙伴、好朋友会一直在他们身旁，帮助他们跨越障碍，获得成功！

中国儿童教育研究所　陈勉

前言
Qian Yan

让孩子在轻松的阅读中
快乐成长！

　　孩子们美好的童年时光，离不开各种各样的游戏。看看万花筒里面色彩缤纷的图案，玩玩神奇而又有趣的磁铁，让纸风车在大风里尽情地转动，用橡皮泥做连绵不断的高山，收集形状各异的树叶，"研究"飞檐走壁的小壁虎……这些充满童趣的小游戏，或许有些简单，但却蕴藏着重要的科学知识和道理。

　　为了向孩子们揭示经常遇到的、而他们却又不明白的科学现象，我们收集生活中各个方面的小游戏，并将这些游戏归类为"科学搞怪空间"、"全球地理大连线"、"与大自然亲密接触"、"人体 X 光透视眼"、"寻找龙珠的数学冒险"五章，囊括了物理、化学、地理、生物、人体、数学等各方面知识，从不同角度引导孩子们用自己的双手揭开自然科学的神秘面纱，探索科学世界里的奥秘。

　　为了让孩子们能够更加准确地操作游戏，认识并掌握其中的知识，本书不仅采用了生动浅显的文字描述，并为每一个小游戏配上了游戏的步骤图或场面图。

　　现在，请打开本书，到有趣的游戏中去体味世界的奇妙吧！

目录
Mu Lu

dì èr zhāng quán qiú dì lǐ dà lián xiàn
第二章 全球地理大连线

目录
Mu Lu

dì sān zhāng yǔ dà zì rán qīn mì jiē chù
第三章 与大自然亲密接触

dì sì zhāng rén tǐ guāng tòu shì yǎn
第四章 人体 x 光透视眼

目录
Mu Lu

小游戏中的大学问

dì yī zhāng
第一章

kē xué gǎo guài kōng jiān
科学搞怪空间

xiǎo péng yǒu men　　gēn zhe wǒ dào kē xué gǎo guài kōng jiān qù ba　　zài nà
小朋友们，跟着我到科学搞怪空间去吧！在那

lǐ　guāng shuǐ kōng qì diàn cí shēng yīn　　lì liàng dōu huì xiàng nǐ huī wǔ qǐ tā
里，光、水、空气、电磁、声音、力量都会向你挥舞起它

men shǒu zhōng de mó shù bàng　wèi nǐ zhǎn xiàn yī ge mó huàn de yóu xì shì jiè
们手中的魔术棒，为你展现一个魔幻的游戏世界。

nà lǐ yǒu shén qí de biàn sè qiú　měi lì de wàn huā tǒng
那里有神奇的变色球、美丽的万花筒、

xiàng shuǐ yī yàng liú dòng de guāng　shuǐ dī fàng dà jìng　piān
像水一样流动的光、水滴放大镜、翩

piān qǐ wǔ de jī dàn　　ràng nǐ zài qīng sōng yǒu qù de yóu
翩起舞的鸡蛋……让你在轻松有趣的游

xì zhōng yóu lǎn shén mì de kē xué shì jiè　huò dé hěn duō yǒu yòng de
戏中游览神秘的科学世界，获得很多有用的

dà xué wen yo
大学问哟！

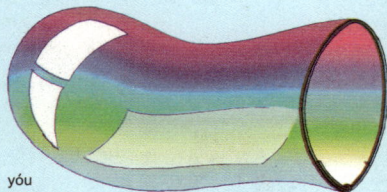

变色球

biàn sè qiú

你能将红球、蓝球和绿球区分开吗？别着急回答，

说不定你就办不到哦！这几个小球可会"变色"啦！

适合年龄 6岁以上　　**游戏人数** 1人以上

游戏时间 10分钟以上　　**游戏准备** 1个红球、1个蓝球、1个绿球、1个没有盖子的大纸盒、8张红色玻璃纸

游戏开始啦

1. 把三个不同颜色的小球放进纸盒里。

2. 将八张玻璃纸叠放在一起，盖在纸盒上。

3. 透过红色玻璃纸观察纸盒中的球，你会发现原来的红、蓝、绿球都不见了，只有一个白球、两个黑球。

小游戏中的 大学问

光线透过红色玻璃纸后就变成了红光。当红光投射到红球上时，大部分光都被反射掉了，因此球看上去是白色的。当红光投射到蓝色和绿色球上时，光线都被吸收了，没有光线反射出来，因而球看上去是黑色的。

神奇的万花筒

你喜欢玩万花筒吗？摇一摇，就可以看见各种美丽的图案，好神奇啊！想玩了是不是，那就做一个吧！

适合年龄 6岁以上　　**游戏人数** 1人以上

游戏时间 20分钟以上　　**游戏准备** 3个同样大小的镜片、胶带、1张半透明的描图纸、一些彩色的碎纸片、1张硬纸、1把剪刀

游戏开始啦

❶ 用胶带将镜片粘在一起，形成一个三角柱，反光面朝里。

❷ 把描图纸剪成三角形，周围留一点边，用胶带贴在三角柱的底面，做一个三角柱盒子，把碎纸片放进盒子里。

❸ 把硬纸剪成三角形，并在中心挖一个小洞，贴在三角柱的顶面，万花筒就做成了。

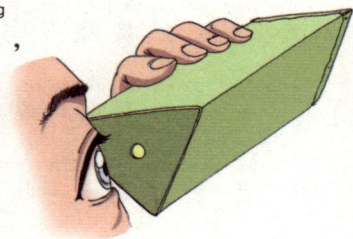

小游戏中的大学问

将万花筒朝着明亮处，光线就会从描图纸上透进去，照在彩色小纸片上。这些光线被万花筒的镜片反射来反射去，经过多次反射后，就形成了美丽的图案。

流光如水

liú guāng rú shuǐ

光线不是像水那样可以流动的液体，但我们却可以把它像流水一样倒出来！

适合年龄 8岁以上

游戏人数 2人以上

游戏时间 30分钟以上

游戏准备 1个空瓶、2张报纸、1只手电筒、1把锤子、1根钉子、1个盆、1团橡皮泥

游戏开始啦

1. 用钉子在空瓶盖上钉一个大洞，在瓶底钉一个小洞（请爸爸帮你完成）。

2. 用橡皮泥把瓶子上的两个洞封住，向瓶中灌水，盖紧瓶盖。

3. 用报纸将瓶子与手电筒卷好（防止光线发散），进入一间黑屋子，打开手电对着瓶子底部，拿掉橡皮泥封口，将水倒入盆中，可以看见光线与水一起从瓶口流出。

小游戏中的大学问

一般情况下，光线是沿着直线传播的，但在这个游戏里，光被水流不定向地反射，因此，光线也随着水流做不定向的曲线运动。

hēi bái liǎn
黑白脸

zhǐ zhāng kě yǐ biàn mó shù ràng nǐ de liǎn yī bàn
纸张可以变魔术，让你的脸一半

hēi yī bàn bái ō gǎn kuài lái shì shi ba
黑一半白哦！赶快来试试吧！

适合年龄 6岁以上　　**游戏人数** 2人以上

游戏时间 20分钟以上　　**游戏准备** 1个手电筒、1张白色的纸、1张黑色的纸、1个挂在墙上的镜子

yóu xì kāi shǐ la
游戏开始啦

jìn rù yī jiān hēi àn de fáng zi ràng xiǎo huǒ bàn jiāng shǒu diàn tǒng fàng zài nǐ de zuǒ liǎn páng
❶进入一间黑暗的房子，让小伙伴将手电筒放在你的左脸旁

biān shǐ guāng zhào zài nǐ de bí zi shang
边，使光照在你的鼻子上。

bǎ hēi zhǐ fàng zài liǎn de yòu biān duì zhe shǒu diàn tǒng de guāng nǐ huì fā
❷把黑纸放在脸的右边，对着手电筒的光，你会发

xiàn nǐ de yòu bàn biān liǎn jǐ hū yī piàn qī hēi bǎ bái zhǐ
现你的右半边脸几乎一片漆黑。把白纸

fàng zài liǎn de yòu biān jié guǒ nǐ de yòu bàn biān liǎn hěn bái
放在脸的右边，结果你的右半边脸很白。

小游戏中的 **大**学问

bái zhǐ néng fǎn shè guāng xiàn dāng shǒu diàn tǒng guāng zhào guò lái shí tā huì bǎ guāng chóng xīn fǎn
白纸能反射光线，当手电筒光照过来时，它会把光重新反

shè dào nǐ de liǎn shang suǒ yǐ nǐ de yòu liǎn hěn bái hēi zhǐ jǐ hū bù fǎn shè guāng xiàn tā huì xī
射到你的脸上，所以你的右脸很白。黑纸几乎不反射光线，它会吸

shōu dà bù fen guāng suǒ yǐ nǐ de yòu bàn biān liǎn hěn hēi
收大部分光，所以你的右半边脸很黑。

一次性镜子

yī cì xìng jìng zi

你用过一次性筷子、一次性桌布，但听说过一次性镜子吗？现在我们就来照照一次性镜子吧！

适合年龄 5岁以上　　**游戏人数** 1人玩或多人一起玩

游戏时间 10分钟以上　**游戏准备** 1把剪刀、1张铝箔

游戏开始啦

1. 用剪刀剪一片铝箔下来，让铝箔发亮的一面对着你的脸，你会清楚地看到你在铝箔中的样子。

2. 将铝箔揉成一团，再把它展开、拓平。

3. 重新让铝箔对着你的脸，你会发现什么也看不清了。

小游戏中的大学问

当你脸上的光线反射到光滑的平面上时，平面会以同样的角度将光线反射回来。没有揉皱的铝箔就是这样的平面，因而你能够清楚地看到自己的样子。然而揉皱的铝箔会从不同的方向反射光线，所以铝箔中就无法形成一个完整的像，你也就看不到你了。

丢失了光线

咦，怎么回事，大小一样的物体，留下的阴影为什么不一样呢？难道光线会丢失吗？

适合年龄 5岁以上　　**游戏人数** 1人以上

游戏时间 20分钟以上　　**游戏准备** 1个装满了水的玻璃杯、1张透明纸、1个陶瓷杯、1个手电筒

游戏开始啦

1 在一间黑屋子里，把所有的物体都放在一堵白色的墙壁前面。

2 打开手电筒，让光线对准这些物体，可以看到陶瓷杯后面的墙上出现了一团阴影；玻璃杯和透明纸背后的墙上几乎没有阴影。

小游戏中的大学问

光能穿透玻璃、透明纸等物质，在穿过这些透明物质时，光会失去一部分光能，从而使物体留下的阴影很淡，几乎没有。而像陶瓷这样的物质光是不能穿透的，射到这些物体上的光会被反射回来。如果物体的体积比较大，它的身后就会出现一个阴影。

听话的电视机

tīng huà de diàn shì jī

在放电视机屋子的外面，怎样才能使电视机听话呢？

适合年龄 7岁以上　　**游戏人数** 2人以上

游戏时间 20分钟　　**游戏准备** 1台电视机、1个电视机遥控器、几面镜子（随距离而定）

游戏开始啦

yóu xì kāi shǐ la

① 站在放电视机的屋子外面，让小伙伴拿着镜子，调好角度，保证你能从镜子中看到电视机。

② 让遥控器对准镜子中的电视机，按下遥控器。结果，电视机乖乖地听从你的指令！

小游戏中的大学问

电视机遥控器是一把光束枪，可以发射出人眼看不见的红外线。当对准镜子中的电视机按下遥控器时，遥控器发出的红外线会被镜子反射到电视机的光探测器附近并被捕捉到，这样电视机就听话了。

gān zào de shuǐ
干燥的水

你一定很奇怪，水都是湿的，哪里有干燥的水呢？

不信吧！那就来试试看！

适合年龄	5岁以上	游戏人数	1人以上
游戏时间	5分钟以上	游戏准备	1袋胡椒粉、1个杯子

游戏开始啦

❶ 将杯子装满水，等水面平稳后撒入胡椒粉，直到水面完全被胡椒粉覆盖住了。

❷ 小心不要碰到杯子，用手指快速地蘸一下水面，然后看你的手指。你会发现你的手指居然是干的。

小游戏中的大学问

水面撒满胡椒粉，胡椒粉增强了水的表面张力（水分子与水分子之间的吸引力），水分子由此粘在了一起，在水面形成了一层"水膜"。所以，当你用手指迅速蘸一下水面时，手指并不湿。

泡泡变形记

pào pao biàn xíng jì

nǐ wán guò féi zào pào pao ba　　　tā shì shén me xíng zhuàng ne　　yuán yuán de
你玩过肥皂泡泡吧！它是什么形状呢？圆圆的？

qí shí　　féi zào pào pao chú le yuán de　　hái yǒu bié de xíng zhuàng ō
其实，肥皂泡泡除了圆的，还有别的形状哦！

适合年龄 5岁以上　　　　**游戏人数** 1人以上

游戏时间 15分钟以上　　　**游戏准备** 半块肥皂、1个装有水的脸盆、1根铁丝、1把钳子

游戏开始啦
yóu xì kāi shǐ la

bǎ féi zào fàng zài zhuāng shuǐ de liǎn pén zhōng　zuò chū yī dà pén féi zào shuǐ
❶ 把肥皂放在装水的脸盆中，做出一大盆肥皂水。

yòng qián zi jiāng tiě sī níng chéng yī ge yuán kuàng　qǐng bà ba bāng nǐ
❷ 用钳子将铁丝拧成一个圆框（请爸爸帮你）。

bǎ zhěng ge yuán kuàng fàng zài féi zào shuǐ zhōng　rán hòu qǔ chū　yòng lì
❸ 把整个圆框放在肥皂水中，然后取出，用力

huī dòng　huì chū xiàn yī ge dà pào pao　rú guǒ nǐ biān pǎo biān huī
挥动，会出现一个大泡泡。如果你边跑边挥

dòng shǒu zhōng de yuán kuàng　pào pao hái kě yǐ biàn chéng hǎo duō zhǒng xíng zhuàng
动手中的圆框，泡泡还可以变成好多种形状。

小游戏中的 **大**学问

qīng shuǐ hé féi zào shuǐ dōu yǒu zhāng lì　　zhǐ shì féi zào shuǐ de zhāng lì bǐ qīng shuǐ de zhāng lì gèng
清水和肥皂水都有张力，只是肥皂水的张力比清水的张力更

dà　dāng wǒ men yòng lì huī dòng yuán kuàng shí　cán liú zài yuán kuàng zhōng de féi zào shuǐ huì suí zhe wǒ men
大。当我们用力挥动圆框时，残留在圆框中的肥皂水会随着我们

lì liàng dà xiǎo hé fāng xiàng de gǎi biàn ér chǎn shēng gè zhǒng bù tóng xíng zhuàng de pào pao
力量大小和方向的改变而产生各种不同形状的泡泡。

dǎ jié de shuǐ
打结的水

shuǐ néng dǎ jié　duō me qí guài de shì a　bù xiāng xìn ba　dāng rán　ěr
水能打结，多么奇怪的事啊！不相信吧？当然，耳

tīng wéi xū　yǎn jiàn wéi shí　lái qīn shǒu yàn zhèng yī xià ba
听为虚，眼见为实，来亲手验证一下吧！

适合年龄 6 岁以上　　**游戏人数** 1 人以上

游戏时间 10 分钟　　**游戏准备** 1 只纸杯、1 杯清水、1 把凿子

yóu xì kāi shǐ la
游戏开始啦

zài zhǐ bēi de xià fāng　yòng záo zi dǎ liǎng ge xiāng lín de dòng　qǐng bà ba bāng nǐ
❶ 在纸杯的下方，用凿子打两个相邻的洞（请爸爸帮你）。

jiāng bēi zi ná qǐ lái　bìng xiàng bēi zhōng huǎn huǎn de zhù rù shuǐ
❷ 将杯子拿起来，并向杯中缓缓地注入水。

yòng shǒu zhǐ bǎ cóng dòng zhōng liú chū lái de liǎng dào shuǐ zhù
❸ 用手指把从洞中流出来的两道水柱

qīng qīng yī níng　liǎng dào shuǐ zhù hé chéng le yī dào shuǐ zhù
轻轻一拧，两道水柱合成了一道水柱。

小游戏中的 大 学问

shuǐ de biǎo miàn zhāng lì shì shuǐ néng dǎ jié de guān jiàn　yīn wèi biǎo miàn
水的表面张力是水能打结的关键。因为表面

zhāng lì shǐ de shuǐ zhù de miàn jī suō xiǎo　jiè shǒu zhǐ zuò qiáo liáng　biàn néng qīng
张力使得水柱的面积缩小，借手指做桥梁，便能轻

yì de jiāng hěn jiē jìn de liǎng dào shuǐ zhù lián jiē chéng yī dào dà shuǐ zhù
易地将很接近的两道水柱连接成一道大水柱。

水上浮针

shuǐ shàng fú zhēn

bǎ zhēn fàng zài shuǐ miàn tā yī dìng huì chén xià qù ma nà kě bù yī dìng yōu
把针放在水面，它一定会沉下去吗？那可不一定呦！

适合年龄 6岁以上　　游戏人数 1人以上

游戏时间 5分钟以上　　游戏准备 1根针、1个玻璃杯、水

游戏开始啦
yóu xì kāi shǐ la

wǎng bō li bēi zhōng zhù rù mǎn mǎn de shuǐ cóng cè miàn guān chá
❶ 往玻璃杯中注入满满的水，从侧面观察

bēi zhōng shuǐ de biǎo miàn shuǐ miàn chéng hú xíng
杯中水的表面，水面呈弧形。

bǎ zhēn qīng qīng de fàng zài bēi zhōng shuǐ miàn de zhōng yāng chù jié
❷ 把针轻轻地放在杯中水面的中央处。结

guǒ zhēn piāo fú zài le shuǐ miàn shang
果，针漂浮在了水面上。

小游戏中的大学问

shuǐ jù yǒu biǎo miàn zhāng lì suǒ yǐ wǒ men kàn dào tā chéng hú xíng zài bù pò huài shuǐ de biǎo
水具有表面张力，所以我们看到它成弧形。在不破坏水的表

miàn zhāng lì de qíng kuàng xià shuǐ yǒu zú gòu de lì liàng tuō qǐ bìng shǐ de zhēn fú zài shuǐ miàn shang
面张力的情况下，水有足够的力量托起并使得针浮在水面上。

水滴放大镜

小小的水滴真是"善变"，它虽然不是放大镜，但可以变成放大镜，把报纸上的小文字神奇地放大！

适合年龄 6岁以上　　**游戏人数** 1人以上

游戏时间 10分钟以上　　**游戏准备** 1块玻璃片、1张报纸、水

游戏开始啦

❶ 将玻璃片擦干净，放在报纸上，观察报纸上文字的大小有无变化。

❷ 在玻璃片上滴一滴小水滴，透过它来看报纸上的文字。结果，报纸上的文字看起来比以前大了许多。

小游戏中的大学问

水和玻璃都是透明的。把水滴在玻璃片上，由于水滴的表面张力形成了底面平整、上面凸起的"平凸透镜"，它和真正的凸透镜一样，对物体有放大的作用。

shuǐ huǒ xiāng róng
水火相容

sú huà shuō shuǐ huǒ bù xiāng róng　　dàn zài xià miàn zhè ge xiǎo yóu xì zhōng
俗话说"水火不相容"，但在下面这个小游戏中，

shuǐ huǒ yě néng xiāng róng
水火也能"相容"！

适合年龄 7 岁以上　　**游戏人数** 1 人以上

游戏时间 10 分钟以上　　**游戏准备** 1 根蜡烛、1 个一元硬币、火柴、1 个装水的玻璃杯

yóu xì kāi shǐ la
游戏开始啦

xiān jiāng yìng bì zhān tiē zài là zhú de dǐ bù　　rán hòu bǎ là zhú lián tóng yìng bì yì qǐ fàng
① 先将硬币粘贴在蜡烛的底部，然后把蜡烛连同硬币一起放

jìn shuǐ miàn yǔ là zhú tóng gāo de bō li bēi zhōng
进水面与蜡烛同高的玻璃杯中。

děng dào là zhú chén rù shuǐ zhōng bìng yǔ shuǐ miàn píng qí hòu　jiāng là zhú
② 等到蜡烛沉入水中并与水面平齐后，将蜡烛

diǎn rán　　　là zhú jiù huì zài shuǐ zhōng rán shāo qǐ lái
点燃。蜡烛就会在水中燃烧起来。

小游戏中的 大学问

yóu yú là zhú bǐ shuǐ qīng　yìng bì bǐ shuǐ zhòng　suǒ yǐ dāng jiāng yìng bì zhān tiē zài là zhú dǐ bù
由于蜡烛比水轻，硬币比水重，所以当将硬币粘贴在蜡烛底部

shí　là zhú huì yī kào yìng bì de zhòng liàng zhí lì qǐ lái　bìng bǎo chí yǔ shuǐ miàn píng qí　děng dào là
时，蜡烛会依靠硬币的重量直立起来，并保持与水面平齐。等到蜡

zhú diǎn rán hòu　suǒ liú xià de là yóu yīn bù chén yú shuǐ　huì zài là zhú sì zhōu xíng chéng yí dào fáng shuǐ
烛点燃后，所流下的蜡油因不沉于水，会在蜡烛四周形成一道防水

céng　shǐ de dēng xīn bù huì jìn shī　cóng ér kě yǐ rán shāo yí duàn shí jiān
层，使得灯芯不会浸湿，从而可以燃烧一段时间。

悬浮的鸡蛋

xuán fú de jī dàn

yī ge chén zài shuǐ dǐ de jī dàn　xiàn zài què yī diǎn yī diǎn de fú dào shuǐ

一个沉在水底的鸡蛋，现在却一点一点地浮到水

miàn lái le　　zhè shì shén me yuán yīn ne

面来了。这是什么原因呢？

适合年龄 6岁以上　　　**游戏人数** 1人以上

游戏时间 30分钟以上　　**游戏准备** 1个生鸡蛋、1个玻璃杯、1把勺子、食
盐、水

游戏开始啦

yóu xì kāi shǐ la

zài bō li bēi zhōng zhuāng rù dà bàn bēi shuǐ

❶ 在玻璃杯中装入大半杯水，

rán hòu bǎ shēng jī dàn fàng rù shuǐ zhōng　jī dàn mǎ shàng jiù chén dǐ le

然后把生鸡蛋放入水中，鸡蛋马上就沉底了。

wǎng shuǐ zhōng jiā yī sháo shí yán　bìng jiǎo bàn jūn yún　jié guǒ jī dàn màn màn fú le shàng lái

❷ 往水中加一勺食盐，并搅拌均匀，结果鸡蛋慢慢浮了上来。

wǎng shuǐ zhōng zài jiā liǎng sháo yán　jiǎo bàn jūn yún　zuì hòu　jī dàn fú dào le shuǐ miàn

❸ 往水中再加两勺盐，搅拌均匀。最后，鸡蛋浮到了水面。

小游戏中的大学问

bǎ jī dàn fàng zài shuǐ zhōng　yóu yú tā de mì dù bǐ shuǐ dà　suǒ yǐ huì chén rù shuǐ dǐ　xiàng

把鸡蛋放在水中，由于它的密度比水大，所以会沉入水底。向

shuǐ zhōng jiā rù shì liàng shí yán hòu　shuǐ de mì dù jiù huì zēng jiā　fú lì huì biàn dà　suǒ yǐ jī dàn cóng

水中加入适量食盐后，水的密度就会增加，浮力会变大，所以鸡蛋从

bēi dǐ màn màn fú le shàng lái　jì xù xiàng shuǐ zhōng jiā rù shí yán　yán shuǐ de mì dù yuè lái yuè dà

杯底慢慢浮了上来。继续向水中加入食盐，盐水的密度越来越大。

dāng tā de mì dù dà yú jī dàn shí　jī dàn jiù huì piāo fú zài shuǐ miàn shang

当它的密度大于鸡蛋时，鸡蛋就会漂浮在水面上。

可爱的水印

kě ài de shuǐ yìn

xìn bù xìn　　bù yòng dòng bǐ yě kě yǐ zuò chū yī fú kě ài de　shuǐ mò

信不信，不用动笔也可以作出一幅可爱的"水墨

huà ō

画"哦！

适合年龄 6岁以上　　**游戏人数** 1人以上

游戏时间 30分钟以上　　**游戏准备** 1个脸盆、1张宣纸、
1根筷子、1根棉签、
1瓶墨汁、水（约半盆）

游戏开始啦
yóu xì kāi shǐ la

zài liǎn pén li dào rù bàn pén shuǐ　　yòng zhàn le mò zhī de kuài zi qīng qīng pèng chù shuǐ miàn

① 在脸盆里倒入半盆水，用蘸了墨汁的筷子轻轻碰触水面，

jí kě kàn dào mò zhī zài shuǐ miàn shang kuò zhǎn chéng yī ge yuán xíng

即可看到墨汁在水面上扩展成一个圆形。

ná mián qiān zài tóu pí shang mó cā jǐ xià　　rán hòu qīng pèng yuán xíng tú àn de yuán xīn chù

② 拿棉签在头皮上摩擦几下，然后轻碰圆形图案的圆心处。

jiāng xuān zhǐ qīng qīng fù gài zài shuǐ miàn shang　　rán hòu huǎn huǎn ná qǐ　　jié guǒ　xuān zhǐ shang

③ 将宣纸轻轻覆盖在水面上，然后缓缓拿起，结果，宣纸上

yìn chū le bù guī zé de tóng xīn yuán tú xíng

印出了不规则的同心圆图形。

小游戏中的大学问

mián qiān zài tóu shang mó cā hòu　　huì zhàn shàng shǎo liàng hàn shuǐ　　hàn shuǐ li de yóu zhī huì yǐngxiǎng

棉签在头上摩擦后，会蘸上少量汗水，汗水里的油脂会影响

shuǐ fēn zǐ jù hé zài yī qǐ de lì liàng　　cóng ér gǎi biàn le shuǐ miàn de tú àn　　jiāng xuān zhǐ fù gài zài

水分子聚合在一起的力量，从而改变了水面的图案。将宣纸覆盖在

shuǐ miàn　shuǐ li de tú àn yīn wèi dài yǒu yán sè　　jìn dào xuān zhǐ shang jiù huì liú xià shuǐ zhōng de tú xíng

水面，水里的图案因为带有颜色，浸到宣纸上，就会留下水中的图形。

浮浮沉沉

fú fú chén chén

为什么轮船可以漂浮在水面，而小铁钉却只能沉

入水底呢？赶快动手做游戏吧，答案就在其中哦！

适合年龄 6岁以上　　**游戏人数** 1人或多人一起玩

游戏时间 30分钟以上　　**游戏准备** 1个盛满水的盆子、橡皮泥

游戏开始啦

1. 把橡皮泥揉成球形，放进水盆里，你会发现它马上就沉入了盆底。

2. 从水中捞起橡皮泥，把它做成一只小船。

3. 橡皮泥船放进水盆后就会漂浮在水面上。

小游戏中的大学问

物体排开的水越多，受到向上的浮力就越大。当浮力大于物体重力时，物体就能漂在水面上。刚开始，橡皮泥球排开的水比较少，所以它很快就沉了下去。后来，橡皮泥被做成扁平的容器，这样就能排开更多的水，受到较大的浮力，所以能漂浮在水面上。

"沸腾"的冷水

fèi téng de lěng shuǐ

nǐ yī dìng hěn qí guài lěng shuǐ zěn me huì fèi téng ne xiǎng zhī dào shì zěn
你一定很奇怪：冷水怎么会沸腾呢？想知道是怎

me yī huí shì jiù qīn zì shì shi ba
么一回事，就亲自试试吧！

适合年龄 6岁以上　　**游戏人数** 1人或多人

游戏时间 20分钟以上　　**游戏准备** 1块小手帕、1个玻璃杯（装有3/4冷水）

游戏开始啦
yóu xì kāi shǐ la

bǎ shǒu pà nòng shī zhǎn kāi gài zài bēi kǒu
① 把手帕弄湿，展开，盖在杯口。

lā jǐn bēi kǒu de shǒu pà yòng zuǒ shǒu shǒu zhǎng zhào zhù shǒu
② 拉紧杯口的手帕，用左手手掌罩住手

pà fù gài de bēi kǒu yòu shǒu jǔ qǐ bēi zi fān zhuǎn bēi zi ràng bēi dǐ cháo shàng
帕覆盖的杯口，右手举起杯子，翻转杯子，让杯底朝上。

zuǒ shǒu yā zhù shǒu pà bìng zài cì bǎ bēi zi fān zhuǎn guò lái jié guǒ dà liàng qì pào shēng
③ 左手压住手帕并再次把杯子翻转过来，结果，大量气泡升

téng dào shuǐ miàn jiù xiàng shuǐ fèi téng le yī yàng
腾到水面，就像水沸腾了一样。

小游戏中的大学问

shuǐ bēi bèi dào zhì hòu shuǐ miàn shàng fāng huì chǎn shēng bù fen zhēn kōng lā jǐn bēi kǒu de shǒu
水杯被倒置后，水面上方会产生部分真空。拉紧杯口的手

pà hòu yī xiē kōng qì huì tòu guò shǒu pà de kòng xì jìn rù bēi zi yú shì jiù chǎn shēng le qì pào
帕后，一些空气会透过手帕的空隙进入杯子，于是就产生了气泡。

fān zhuǎn bēi zi dà liàng qì pào shēng téng dào shuǐ miàn kàn qǐ lái jiù xiàng shuǐ fèi téng le yī yàng
翻转杯子，大量气泡升腾到水面，看起来就像水沸腾了一样。

水中魔手

shǒu yī fàng rù shuǐ zhōng jiù hǎo xiàng yǒu le mó lì shì de shǐ de sù liào
手一放入水中就好像有了魔力似的，使得塑料
dài jǐn jǐn tiē zhe tā ér bù kěn lí kāi
袋紧紧贴着它而不肯离开。

适合年龄 6 岁以上 　　**游戏人数** 1 人以上

游戏时间 10 分钟以上 　　**游戏准备** 1 只塑料袋、1 根橡皮筋、1 个水盆、水

游戏开始啦

bǎ sù liào dài tào zài shǒu shang rán hòu yòng xiàng pí jīn bǎ dài kǒu jì zhù
❶ 把塑料袋套在手上，然后用橡皮筋把袋口系住。

wǎng shuǐ pén zhōng jiā shuǐ rán hòu bǎ shǒu lián tóng sù liào dài yī qǐ fàng rù shuǐ pén zhōng
❷ 往水盆中加水，然后把手连同塑料袋一起放入水盆中。

màn man tái qǐ nǐ de shǒu nǐ huì fā xiàn sù liào dài
❸ 慢慢抬起你的手。你会发现塑料袋

jǐn tiē nǐ de shǒu hǎo xiàng tā bèi shǒu xī zhù shì de
紧贴你的手，好像它被手吸住似的。

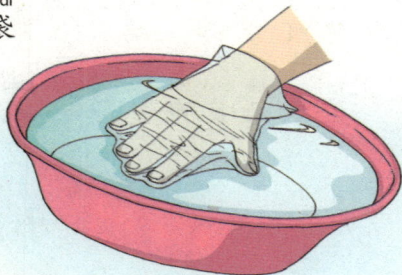

小游戏中的大学问

shuǐ zhōng bù jǐn yǒu fú lì ér qiě hái yǒu yā lì sù liào dài lǐ miàn yǒu kōng qì zài shuǐ lǐ
水中不仅有浮力，而且还有压力。塑料袋里面有空气，在水里
shòu dào shuǐ de yā pò ér pò shǐ nèi bù kōng qì shōu suō yīn cǐ nǐ huì gǎn dào sù liào dài jǐn jǐn tiē zhe
受到水的压迫而迫使内部空气收缩，因此你会感到塑料袋紧紧贴着
nǐ de shǒu
你的手。

mí nǐ qián shuǐ tǐng
迷你潜水艇

ràng wǒ men lái zuò yī ge xiǎo qián shuǐ tǐng　kàn kan tā shì zěn me gōng zuò de ba
让我们来做一个小潜水艇，看看它是怎么工作的吧！

适合年龄 6岁以上　　**游戏人数** 1人以上

游戏时间 20分钟以上　　**游戏准备** 1个空眼药水小瓶、1个盆、1支吸管、水

yóu xì kāi shǐ la
游戏开始啦

wǎng pén zhōng dào rù shì liàng de shuǐ
❶ 往盆中倒入适量的水。

qǔ xià yǎn yào shuǐ xiǎo píng de gài zi
❷ 取下眼药水小瓶的盖子，

rán hòu gěi xiǎo píng zhuāng mǎn shuǐ fàng dào pén li　kě yǐ fā xiàn xiǎo píng chén rù le shuǐ zhōng
然后给小瓶装满水放到盆里，可以发现小瓶沉入了水中。

jiāng xī guǎn de yī duān chā rù yǎn yào shuǐ xiǎo píng nèi　rán hòu zài xī guǎn de lìng yī duān chuī
❸ 将吸管的一端插入眼药水小瓶内，然后在吸管的另一端吹

qì　jié guǒ yǎn yào shuǐ xiǎo píng xiàng qián shuǐ tǐng yī yàng màn man fú chū le shuǐ miàn
气。结果眼药水小瓶像潜水艇一样慢慢浮出了水面。

小游戏中的大学问

dāng xiàng yǎn yào shuǐ xiǎo píng zhōng chuī qì shí　chuī rù de kōng qì huì pái chú yǎn yào shuǐ píng li de
当向眼药水小瓶中吹气时，吹入的空气会排除眼药水瓶里的

shuǐ　shǐ xiǎo píng biàn qīng　shuǐ de fú lì jiù kě yǐ bǎ tā tuō qǐ lái　qián shuǐ tǐng yě shì zhè ge dào
水，使小瓶变轻，水的浮力就可以把它托起来。潜水艇也是这个道

lǐ　dāng yā suō kōng qì bǎ yā zài shuǐ cāng zhōng de hǎi shuǐ pái chū qù hòu　qián shuǐ tǐng jiù huì fú chū shuǐ
理，当压缩空气把压载水舱中的海水排出去后，潜水艇就会浮出水

miàn　fǎn zhī　jiù huì chén rù shuǐ li
面；反之，就会沉入水里。

亲密的杯子

qīn mì de bēi zi

真奇怪，两只杯子为什么会亲密地粘在一起分也分不开呢？我们一起去看看其中的奥秘吧！

适合年龄 6岁以上　　**游戏人数** 1人以上

游戏时间 20分钟以上　　**游戏准备** 2只相同大小的玻璃杯、1张吸水纸、水、1支蜡烛、1盒火柴

游戏开始啦

❶ 将蜡烛放在一只杯子里，点燃。

❷ 用浸湿的吸水纸盖住杯口，迅速将另一只杯子反扣上。

❸ 一会儿，杯里的蜡烛熄灭了，拿起上面的杯子，下面的杯子也跟着起来了。

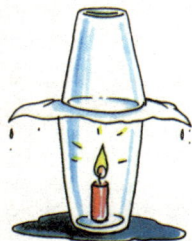

小游戏中的 **大**学问

燃烧需要氧气。蜡烛的燃烧先耗尽下面杯子里的氧气，然后，上面杯子的氧气通过吸水纸的纤维进入到下面，最后也会被耗尽，等到两个杯子里的氧气都用光了，杯内的气压就会低于杯外的气压，这样，外面的气压就将两只杯子紧紧地压在了一起。

火焰奇观
huǒ yàn qí guān

怪事！对着点燃的蜡烛吹气，却吹不灭蜡烛的火焰，这是怎么回事呢？

适合年龄 8岁以上　**游戏人数** 2人以上

游戏时间 15分钟以上　**游戏准备** 1个三角形漏斗、1支蜡烛、几根火柴棒

游戏开始啦
yóu xì kāi shǐ la

1. 将蜡烛点燃。拿起三角形漏斗，尖口朝向自己，宽口朝向蜡烛，然后向蜡烛吹气。（注意：漏斗不要与蜡烛接触。）

2. 请小伙伴站在旁边观察现象。

3. 小伙伴可以看到蜡烛火焰不但没有熄灭，反而向三角形漏斗倾斜过来。

小游戏中的大学问

当我们用三角形漏斗向烛火吹气时，所吹出的风会向四周扩散开，造成火焰周围较大的压力，这些压力迫使烛火朝向三角形漏斗。而旁人看起来，就好像是三角形漏斗把烛火吸过来一样。

大力士吸管

一根塑料吸管，用手轻轻一折就弯了，却能把土豆穿个洞，你相信吗？不妨动手做做看！

适合年龄 6岁以上　　游戏人数 1人以上

游戏时间 15分钟以上　　游戏准备 1支质地较硬的塑料吸管、1个土豆

游戏开始啦

1. 拿出吸管和土豆，检查一下是否完好。

2. 以握笔的方式将吸管插向土豆，结果，吸管很快就弯了，土豆完好无损。

3. 用拇指按住吸管一端，迅速将吸管插向土豆。你会发现这一次吸管居然插进了土豆里。

小游戏中的大学问

吸管中的空气使吸管变成了大力士。用手指按住吸管口的同时，也把空气封在了吸管里，使得脆弱的吸管变得坚硬，所以吸管才有足够的力量插进土豆里。这个游戏有一定难度，可多试两次！

苹果打架

píng guǒ dǎ jià

两个静静悬挂着的苹果，还没碰上呢。这时，在
它们之间吹一口气，它们竟然磕来撞去打起架来啦！

适合年龄 6岁以上　　**游戏人数** 1人以上

游戏时间 10分钟　　**游戏准备** 2条细绳、1个吊架、2个一样大的苹果

游戏开始啦

1. 用两条细绳分别将两个苹果悬挂起来，距离不要太远。

2. 在两个苹果之间用力吹气，苹果就会发生碰撞。

小游戏中的大学问

所有的物体都被空气包围着，空气有一定的重量并占据着一定的空间。苹果间的空气被吹走后，气压会在短时间内降低，且与苹果两旁的空气产生气压差，从而挤压苹果，使它们打架。

飞扬的爽身粉

按道理说，灰尘应该往下沉呀！可是，晚上的时候，灯泡附近的灰尘却总是往上飞扬。这是为什么呢？

适合年龄 6岁以上　　游戏人数 1人以上

游戏时间 20分钟以上　　游戏准备 爽身粉、1条毛巾、1盏台灯

游戏开始啦

❶ 将事先撒了爽身粉的毛巾拿到台灯附近抖一抖，你会看见爽身粉慢慢下沉，撒落到灯泡周围和桌子上。

❷ 打开台灯，十分钟后，从灯泡上方轻轻往下抖搂一些爽身粉，结果，爽身粉全都往上飘。

小游戏中的大学问

打开台灯以后，发亮的灯泡会把空气变热，空气一受热，就会往上升，从而将它附近的爽身粉也往上带。而在冷空气中，爽身粉会下沉。在大自然中也是如此，受热后的暖空气会往上飘，冷空气则往下沉。

魔法尺子

mó fǎ chǐ zi

烟雾轻飘飘的，你能把它吸引过来吗？很简单，一根"魔法尺"就可以了。

适合年龄 7岁以上	**游戏人数** 1人以上
游戏时间 15分钟以上	**游戏准备** 1根线香、1盒火柴、1把塑料直尺、1块尼龙布

游戏开始啦

1. 用火柴点燃线香。

2. 在尼龙布上来回摩擦直尺。

3. 拿着直尺靠近线香的烟，结果，烟被吸引过来了。

小游戏中的大学问

直尺被尼龙布摩擦以后就带上了静电，成为了带电体。任何分子靠近带电体后就会带电。当烟靠近直尺后，烟分子就会聚集在直尺上，就好像烟分子被直尺吸引过去了一样。

爆米花学"跳高"

你知道吗？爆米花除了好吃以外，还可以给你表演"跳高"呢！怎么样，来看看吧！

适合年龄 6岁以上　　**游戏人数** 1人以上

游戏时间 20分钟以上　　**游戏准备** 1张白纸、1包爆米花、1张保鲜膜

游戏开始啦

❶ 在桌子上放一张白纸，然后在白纸上放一些爆米花。

❷ 将保鲜膜揉成一团，并在纸上迅速摩擦数次，然后立刻放在爆米花上方。结果，爆米花都"跳"到了保鲜膜上。

小游戏中的大学问

保鲜膜和纸互相摩擦时，会产生静电。当带电的保鲜膜接近爆米花时，爆米花会受到保鲜膜上带电电子的吸引，这种吸引力足以使重量很轻的爆米花克服向下的重力（把物体向地球中心拉的力量），从而向上移动并粘附在保鲜膜上。

来来去去的小球

lái lái qù qù de xiǎo qiú

一个塑料小球在电视机屏幕前，一会儿跑来，一会儿离去，真是好玩极了！

适合年龄 6岁以上　　**游戏人数** 1人以上

游戏时间 10分钟以上　　**游戏准备** 1台电视机、1个塑料小球、1根棉线

游戏开始啦

1. 用细线将塑料小球拴好。

2. 打开电视机，让小球靠近电视机屏幕。

过一会儿，小球先是被吸到了屏幕上。

接着，小球又跳离了屏幕。

小游戏中的大学问

带电物体能够吸引轻小物体。电视机工作时，它的荧光屏表面带有静电。小球没带电，能被屏幕吸过去，然而当小球与屏幕接触后，由于电荷的转移，小球就带上了与电视机屏幕相同的电荷，由于同种电荷相互排斥，所以小球就又跳离了屏幕。

"吵闹"的收音机

打雷下雨的时候,收音机里为什么会传出一阵阵嘈杂的声音呢?做完这个小游戏,你就知道了。

适合年龄 6 岁以上　　**游戏人数** 1 人以上

游戏时间 25 分钟以上　　**游戏准备** 1 台收音机、1 个气球、1 根细线、1 条毛巾

游戏开始啦

❶ 打开收音机,将音量调小。

❷ 把气球吹大,用细线扎紧吹气口。

❸ 将气球放在干燥的毛巾上摩擦数次。

❹ 将气球靠近天线(不要碰触),收音机里会发出刺耳的声音。

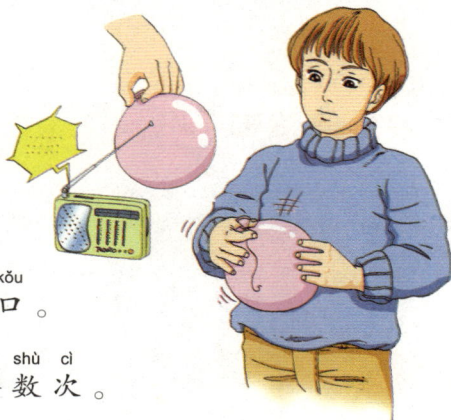

小游戏中的大学问

气球经过摩擦以后,表面聚集了很多电荷。将它靠近收音机天线时,会产生电磁波,从而干扰收音机对信号的正常接收,使收音机发出杂音。雷雨天时,云层和地表间的电荷也会对收音机产生电磁干扰,从而使收音机出现杂音。

磁铁也"爱"钞票

cí tiě yě ài chāo piào

大家都知道磁铁能吸引铁的物质，可谁能想到磁
铁还能吸引钞票呢？难道磁铁也"爱"钞票吗？

适合年龄 6岁以上　　**游戏人数** 1人以上

游戏时间 15分钟　　**游戏准备** 1根针、1张新钞票、1个铁夹子、1块磁铁

游戏开始啦

1. 把针用铁夹子夹住，再将铁夹子倒立在
桌上，使针与桌面保持垂直。

2. 将钞票纵向对折，然后对照折痕的
中点处，把针放在中点上。

3. 拿着磁铁接近钞票，钞票会被吸
引而慢慢旋转。

小游戏中的大学问

钞票上的墨里面一般含有微量的铁，即使量不多，也还是会被
磁铁吸引的。用磁铁接近钞票，钞票就会被吸引而旋转起来。

shén qí de kǒng míng dēng
神奇的孔明灯

kǒng míng dēng wèi shén me zhǐ yào yī diǎn rán jiù néng fēi shàng tiān ne
孔明灯为什么只要一点燃就能飞上天呢？

适合年龄 7岁以上   **游戏人数** 2人以上

游戏时间 40分钟以上   **游戏准备** 薄纸、1把剪刀、1根薄竹条、1瓶胶水、
细铁丝、酒精棉球、1盒火柴

yóu xì kāi shǐ la
游戏开始啦

jiāng báo zhǐ jiǎn chéng báo zhǐ piàn   rán hòu yòng báo zhǐ piàn zuò
1. 将薄纸剪成薄纸片，然后用薄纸片做

yī ge liǎng duān lòu kōng de qiú zhuàng wù   jiǎn yī zhāng yuán xíng
一个两端镂空的球状物。剪一张圆形

báo piàn   jiāng shàng miàn yuán kōng kǒu hú zhù   děng jiāo shuǐ gān hòu   bǎ zhǐ qì qiú chuī zhàng
薄片，将上面圆空口糊住，等胶水干后，把纸气球吹胀。

jiāng báo zhú tiáo wān chéng yǔ xià miàn dòng yī yàng dà de zhú quān   zhú quān nèi bǎng liǎng gēn chuí zhí
2. 将薄竹条弯成与下面洞一样大的竹圈，竹圈内绑两根垂直

jiāo chā de xì tiě sī   jiāng jiǔ jīng mián qiú zā zài tiě sī zhōng xīn   zuì hòu bǎ zhú quān zhān
交叉的细铁丝，将酒精棉球扎在铁丝中心，最后把竹圈粘

zài xià miàn dòng de biān shang   kǒng míng dēng jiù zuò hǎo le
在下面洞的边上，孔明灯就做好了。

diǎn rán kǒng míng dēng li de jiǔ jīng mián qiú   dēng piāo qǐ lái le
3. 点燃孔明灯里的酒精棉球，灯飘起来了。

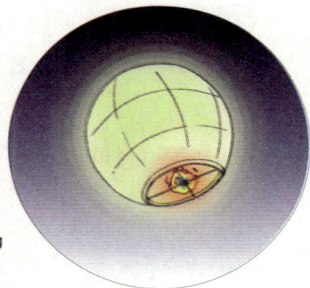

小游戏中的大学问

diǎn rán jiǔ jīng mián qiú   dēng nèi bù de kōng qì shòu rè   tǐ jī yī péng zhàng   huì xiàng wài pǎo yī bù fen
点燃酒精棉球，灯内部的空气受热，体积一膨胀，会向外跑一部分，

zhè jiù huì shǐ de dēng shòu dào jiào dà de kōng qì fú lì   dēng shòu dào xiàng shàng de fú lì   jiù huì piāo qǐ lái
这就会使得灯受到较大的空气浮力，灯受到向上的浮力，就会飘起来。

自制温度计

想知道温度计为什么能测出物体的冷热温度吗？

那就做一个温度计"研究"一下吧！

适合年龄 6岁以上　　**游戏人数** 1人以上

游戏时间 30分钟以上　　**游戏准备** 1个汽水瓶、1支蜡笔、1根透明吸管、
1片硬纸板、橡皮泥、红色颜料、水

游戏开始啦

① 在汽水瓶里注入大半瓶水，并放入一些红色颜料。

② 将吸管插入汽水瓶，封好瓶口，温度计就做好了。

③ 将温度计分别放在太阳下和冰箱里，过上几十分钟，可以发现，

太阳底下吸管中的水柱会上升，

冰箱里吸管中的水位会下降。

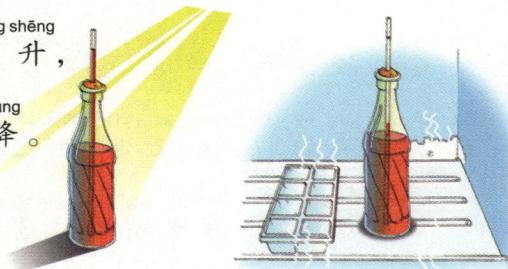

小游戏中的大学问

在太阳下，瓶子里的空气受热膨胀，将水压进吸管，水柱就会上升。冰箱里，瓶子里的空气遇冷收缩，吸管中的水柱就会下降。因而，我们看到自制温度计能够随着环境温度的变化而调整水位。

rè shuǐ píng de mì mì
热水瓶的秘密

zài hán lěng de dōng tiān　rè shuǐ píng wèi shén me kě yǐ bǎo wēn ne　gēn wǒ
在寒冷的冬天，热水瓶为什么可以保温呢？跟我

yī qǐ lái tàn suǒ yī xià tā de mì mì ba
一起来探索一下它的秘密吧！

适合年龄 5岁以上　　**游戏人数** 1人以上

游戏时间 10分钟以上　　**游戏准备** 1块口香糖、1盏台灯、2支温度计、1张
白纸、1卷胶带

yóu xì kāi shǐ la
游戏开始啦

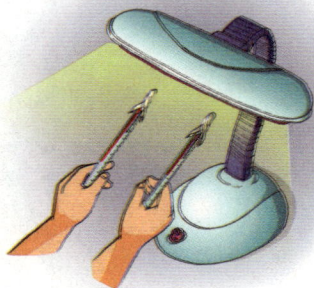

cóng kǒu xiāng táng shang qǔ xià bāo zhuāng yòng de lǚ bó　yòng lǚ
① 从口香糖上取下包装用的铝箔，用铝

bó bǎ yī zhī wēn dù jì de tóu bāo jǐn　yòng jiāo dài zhān láo
箔把一支温度计的头包紧，用胶带粘牢。

yòng bái zhǐ bǎ lìng yī zhī wēn dù jì de tóu bāo jǐn　yòng jiāo dài zhān láo
② 用白纸把另一支温度计的头包紧，用胶带粘牢。

dǎ kāi tái dēng　bǎ liǎng zhī wēn dù jì xiǎo xīn de kào jìn dēng pào　jǐ fēn zhōng hòu　lǚ bó
③ 打开台灯，把两支温度计小心地靠近灯泡，几分钟后，铝箔

bāo zhe de wēn dù jì bǐ bái zhǐ bāo zhe de wēn dù jì de wēn dù yào dī yī xiē
包着的温度计比白纸包着的温度计的温度要低一些。

小游戏中的大学问

rè liàng yě xiàng guāng yī yàng　yǒu fú shè zuò yòng　biǎo miàn guāng liàng de lǚ bó　néng bǎ dēng pào fú
热量也像光一样，有辐射作用。表面光亮的铝箔，能把灯泡辐

shè de rè liàng fǎn shè chū qù　shǐ rè liàng wú fǎ chuán dì dào wēn dù jì shang　zhè gēn rè shuǐ píng dǎn dù
射的热量反射出去，使热量无法传递到温度计上。这跟热水瓶胆镀

shàng yī céng yín shì yī yàng de dào lǐ　dù shàng yī céng yín kě yǐ zǔ gé rè fú shè　qǐ dào bǎo wēn de
上一层银是一样的道理，镀上一层银可以阻隔热辐射，起到保温的

zuò yòng
作用。

huā pén bīng xiāng
花盆冰箱

xiǎo huǒ bàn men　xiǎng bù xiǎng zài xià tiān shí yōng yǒu yī ge　　sī rén bīng xiāng
小伙伴们，想不想在夏天时拥有一个"私人冰箱"

wèi nǐ lěng dòng yǐn liào ne　nà jiù gǎn kuài dòng shǒu ba
为你冷冻饮料呢？那就赶快动手吧。

适合年龄 6岁以上　　游戏人数 1人以上

游戏时间 1小时以上　　游戏准备 1罐饮料、1大杯水、1个泥花盆、1个大盘子

yóu xì kāi shǐ la
游戏开始啦

jiāng yǐn liào fàng zài dà pán zi shang
1 将饮料放在大盘子上。

jiāng huā pén dào kòu zài pán zi shang　rán hòu wǎng huā
2 将花盆倒扣在盘子上，然后往花

pén shang jiāo shuǐ　　zhù yì pán zhōng yīng yǒu zú gòu de shuǐ
盆上浇水。注意盘中应有足够的水。

jiāng pán zi lián tóng huā pén fàng zài yáng guāng xià bào shài　dà yuē yī xiǎo shí hòu　dǎ kāi huā
3 将盘子连同花盆放在阳光下暴晒，大约一小时后，打开花

pén　nǐ huì fā xiàn huā pén li de yǐn liào liáng liáng de　jiù xiàng bèi bīng dòng guò yī yàng
盆，你会发现花盆里的饮料凉凉的，就像被冰冻过一样。

小游戏中的 大学问

jiāng shī tòu de ní huā pén fàng zài yáng guāng xià pù shài　shuǐ zhēng fā shí　huì dài zǒu dà liàng de
将湿透的泥花盆放在阳光下曝晒，水蒸发时，会带走大量的

rè liàng　huā pén lián tóng yǐn liào shī qù dà liàng de rè　jiù huì biàn liáng le
热量，花盆连同饮料失去大量的热，就会变凉了。

轻松开启瓶盖

怎样才能把盖得非常牢固的瓶盖打开呢？这可是有一点小学问的，先看看我是怎么做的吧！

适合年龄 7岁以上　　**游戏人数** 1人以上

游戏时间 5分钟以上　　**游戏准备** 1个装有热水的水盆、1个带盖的瓶子

游戏开始啦

1. 把瓶子的瓶盖部分放入热水中烫一烫。

2. 半分钟后，取出瓶子。

3. 顺着瓶口的螺纹方向用手拧瓶盖，瓶子很轻松就打开了。

小游戏中的大学问

物体遇热膨胀，瓶体、瓶盖也是如此。但由于玻璃传热慢，瓶体的膨胀程度就比较低。而金属传热快，瓶盖的膨胀程度比较高，相对于瓶体来说，瓶盖加热后会松许多。用手轻轻一拧，就能开启瓶盖了。

美丽的窗花
měi lì de chuāng huā

冬天的早晨，玻璃窗上总会布满美丽的冰花！

是谁在一夜之间，描绘了这么多晶莹剔透的花儿呢？

适合年龄 6岁以上　　**游戏人数** 1人以上

游戏时间 10分钟以上　　**游戏准备** 1杯热水、1个玻璃片

游戏开始啦
yóu xì kāi shǐ la

1. 将玻璃片放在热水杯上，直到玻璃片沾满水汽。

2. 把玻璃片放入冰箱冷冻室里。

3. 几分钟后拿出来，可以看见玻璃片上结了一层冰花。

小游戏中的大学问

把玻璃片放在热水杯上，杯中的水汽会附着在玻璃片上。立即将玻璃片放入冰箱，玻璃上的水汽遇冷就会结成冰。同理，玻璃窗隔开了居室的内外，室内的空气热而潮湿，室外的空气冷而干燥。冬天，玻璃周围的气温降到0℃以下时，屋内的水汽一碰上玻璃，便缩成一团，紧贴在玻璃上结成冰，从而形成我们看到的冰花。

结冰比赛

猜一猜，一杯热水和一杯凉水，如果同时放冰箱里，谁会先结冰呢？动手做一做，结果自然见分晓。

适合年龄 5 岁以上　　**游戏人数** 1 人以上

游戏时间 30 分钟以上　　**游戏准备** 2 个纸杯、冷水、开水、冰箱

游戏开始啦

1. 在两个纸杯中分别加入等量的水，一个加热水，一个加冷水，并各自做好标记。

2. 把装热水和装冷水的杯子同时放入冰箱。

3. 过一会儿，把它们从冰箱中取出来，可以发现装热水的杯子先结冰。

小游戏中的大学问

热水中的水分子运动得比较快，因而更加容易散发热量。散发热量会降低自身的温度，所以热水会比冷水先结冰。

反弹"滴答"声

我们经常可以听见各种回音，回音是怎么回事呢？

适合年龄 6岁以上　　**游戏人数** 2人以上

游戏时间 15分钟以上　　**游戏准备** 2个纸筒、会发出滴答声的手表、一本书

游戏开始啦

1. 把两支纸筒排成八字形（开口大的一端朝向桌边）放在桌上。

2. 左手拿着表靠在左面纸筒的开口，右耳靠近右面的纸筒开口。此时听不到表的滴答声。

3. 让小伙伴在两个纸筒靠在一起的开口端立一本书，这时，你可以听到表的滴答声。

小游戏中的 **大**学问

开口前如果没有立放书本，表发出来的滴答声就会从纸筒传出去，向四面八方散开。在纸筒开口处立一本书，不仅可以阻止声波传散到四面八方，还可以把大部分声波反射回来，然后传到耳朵中。

俯耳倾听

如果你愿意，就静下心、俯下身跟我一起好好"倾听"一下吧！你会有所收获哦！

适合年龄 6 岁以上　　**游戏人数** 1 人以上

游戏时间 5 分钟以上　　**游戏准备** 1 张桌子、1 把椅子

游戏开始啦

1. 用手敲几下桌子，注意倾听桌子发出的声音。

2. 坐到椅子上，把耳朵贴在桌面上，用手敲击桌面，你会听到敲击的声音比开始放大了许多。

小游戏中的大学问

声波不仅可以在空气里传播，也可以在固体物质中传播。桌子是木头的，木头的密度比空气的密度要大得多。而密度越大，传声效果就越好，所以我们耳朵贴着桌面听见的声音要比平时大许多。

气球喇叭

qì qiú lǎ ba

你相信吗，气球也能像喇叭一样把声音扩大呢？

当然，如果不信，你可以亲耳来听听呀！

适合年龄 6岁以上　　**游戏人数** 1人以上

游戏时间 10分钟以上　　**游戏准备** 1个气球

游戏开始啦

❶ 吹好气球，然后让吹胀的气球靠着耳朵。

❷ 轻轻敲动气球的另一边，仔细听听气球上传来的声音。你会发现你所听到的声音，比手指轻敲的实际声音要大得多。

小游戏中的大学问

空气的密度越大，传播声音的效果就越好。吹气球时，许多空气被压入了气球，使得气球里的空气密度要比气球外面的空气密度大，因而气球里面的空气比外面空气的传声效果要好。

shuǐ qiú chuán yīn
水球传音

cāi cai kàn　　 yī zhī zhuāng mǎn kōng qì de qì qiú hé yī zhī zhuāng mǎn shuǐ de
猜猜看，一只装满空气的气球和一只装满水的

qì qiú　　nǎ　yī zhī néng shǐ nǐ tīng de gèng qīng chu ne
气球，哪一只能使你听得更清楚呢？

适合年龄 6岁以上　　　**游戏人数** 2人以上

游戏时间 15分钟　　　**游戏准备** 2只气球、1张桌子、水、1根线

yóu xì kāi shǐ la
游戏开始啦

chuī zhàng yī zhī qì qiú　　yòng xiàn jiāng kǒu zā hǎo
❶ 吹胀一只气球，用线将口扎好。

jiāng lìng yī zhī qì qiú de chuī zuǐ tào jìn shuǐ lóng tóu
❷ 将另一只气球的吹嘴套进水龙头，

zhù shuǐ　　zhí dào tā de dà xiǎo gēn dì yī zhī qì qiú chà bù duō　　zā jǐn kǒu
注水，直到它的大小跟第一只气球差不多，扎紧口。

jiāng liǎng zhī qì qiú fàng zài zhuō shang　　ràng xiǎo huǒ bàn yòng shǒu zhǐ tán kòu zhuō miàn　　nǐ tiē zhe liǎng
❸ 将两只气球放在桌上，让小伙伴用手指弹叩桌面。你贴着两

zhī qì qiú zǐ xì qīng tīng dàn kòu shēng　　huì fā xiàn chéng shuǐ de qì qiú de shēng yīn bǐ jiào qīng xī
只气球仔细倾听弹叩声，会发现盛水的气球的声音比较清晰。

小游戏中的 大学问

shēng yīn néng chuán dào wǒ men de ěr duo　　shì yīn wèi wǒ men zhōu wéi de wù zhì chuán dì le shēng bō
声音能传到我们的耳朵，是因为我们周围的物质传递了声波

de zhèn dòng　　yóu yú shuǐ fēn zǐ zhī jiān de jù lí yào bǐ kōng qì fēn zǐ de jù lí xiǎo　　tā chuán sòng
的振动。由于水分子之间的距离要比空气分子的距离小，它传送

shēng bō de zhèn dòng yě yào róng yì de duō　　suǒ yǐ "shuǐ qiú" chuán chū de shēng yīn gèng qīng xī
声波的振动也要容易得多，所以"水球"传出的声音更清晰。

模拟钟声

现在跟我一起表演一个小魔术吧！用一把汤匙模拟寺庙里低沉悠远的钟声。

适合年龄 6岁以上　　**游戏人数** 1人以上

游戏时间 25分钟以上　　**游戏准备** 1把不锈钢的汤匙、1根15米长的绳子

游戏开始啦

① 在绳子的中间系一个简单的滑环，不要系紧了。

② 把汤匙的柄套在环内，把环拉紧，以免汤匙滑掉。

③ 把绳子的一端压在左耳外。然后，轻轻摇晃绳子，让汤匙的勺打到桌子边缘，就可以听到低沉悠远的"钟声"了。

小游戏中的大学问

绳子传播声音的效果比空气好得多，它能把声音直接传入你的耳朵。汤匙敲打着桌子边缘，引起振动，绳子传导了汤匙的振动声，故而能听到像钟声一样低沉的声音。

你唱歌,芝麻伴舞

nǐ chàng gē de shí hou　gěi xiǎo zhī ma chuàng zhì yī ge wǔ tái　ràng tā gēn

你唱歌的时候,给小芝麻创制一个舞台,让它跟

zhe nǐ de gē shēng piān piān qǐ wǔ ba

着你的歌声 翩翩起舞吧!

适合年龄 6岁以上　　**游戏人数** 1人以上

游戏时间 20分钟以上　**游戏准备** 1个易拉罐、1张透明玻璃纸、1瓶胶水、芝麻粒、1把剪刀

游戏开始啦

jiǎn diào yì lā guàn de shàng xià gài zi　qǐng bà ba bāng nǐ　rán hòu

❶ 剪掉易拉罐的上下盖子(请爸爸帮你),然后

yòng jiāo shuǐ zài guàn zi de yī duān tiē shàng tòu míng bō li zhǐ

用胶水在罐子的一端贴上透明玻璃纸。

bǎ tiē le tòu míng bō li zhǐ de guàn zi dào zhuǎn guò lái　fàng rù jǐ lì

❷ 把贴了透明玻璃纸的罐子倒转过来,放入几粒

zhī ma

芝麻。

yòng liǎng zhī shǒu wò zhù guàn zi liǎng cè　duì zhe bō li zhǐ shang de zhī ma chàng gē　zhī ma

❸ 用两只手握住罐子两侧,对着玻璃纸上的芝麻唱歌,芝麻

zài bō li zhǐ shang tiào dòng zhe　hǎo xiàng zài kuài lè de tiào wǔ yī yàng

在玻璃纸上跳动着,好像在快乐地跳舞一样。

小游戏中的大学问

hóu lóng shēng dài de zhèn dòng huì dài dòng zhōu wéi kōng qì de zhèn dòng　cóng ér yòu yǐn qǐ bō li zhǐ

喉咙声带的振动会带动周围空气的振动,从而又引起玻璃纸

de zhèn dòng　dāng rán huì shǐ tā shàng miàn de zhī ma yě tiào dòng qǐ lái

的振动,当然会使它上 面的芝麻也跳动起来。

奇妙的音乐组合

真是不可思议！八个玻璃杯、一支筷子就可以构成一个完美的音乐组合，奏出一段美妙的音乐！

适合年龄 6岁以上　　**游戏人数** 1人以上

游戏时间 20分钟以上　　**游戏准备** 8个玻璃杯、水、1支滴管、1支筷子

游戏开始啦

❶ 将八个玻璃杯排成"一"字形。依次往里面加水，在第一个杯子里加入大半杯水，然后加入其余杯子里的水依次减少。

❷ 等各个杯子都加上水后，用筷子依次敲击杯口，可以听到各个杯子发出的声音高低相间，动听极了。

小游戏中的大学问

物体振动发出的声音与物质本身有关系。物质的质量越大，发出的声音越低。相反，发出的声音越高。因此，玻璃杯中装的水多少不一样，发出的声音也会有高有低不一样。

纸笛

不用笛子，就用一个硬纸筒，也能吹出好听的笛声！来试试吧！

适合年龄 6岁以上　　**游戏人数** 1人以上

游戏时间 15分钟以上　**游戏准备** 1个硬纸筒、1根吸管、1个圆规、1把剪刀、1卷胶带、1张白纸

游戏开始啦

1 在硬纸筒的一端包上白纸，并用胶带把它粘牢，然后用圆规在白纸的中心钻一个洞，并将吸管穿入小洞。

2 在纸筒的筒壁上用圆规依次钻五个洞。

3 把吸管放在嘴里吹，用手指按住这些洞并不时抬起和盖住这些洞，可以听见高低不同的声音。

小游戏中的大学问

吹吸管，吸管振动，致使纸筒内空气振动。振动的气柱（一定范围内气体的体积）长度越长，得到的声音越低；反之，越高。

piān piān qǐ wǔ de jī dàn
翩翩起舞的鸡蛋

kàn a　　jī dàn zài cù zhōng qíng bù zì jīn de xuán zhuǎn qǐ lái　　hái yǒu xǔ
看啊！鸡蛋在醋中情不自禁地旋转起来，还有许

duō bàn wǔ de xiǎo qì pào
多伴舞的小气泡！

适合年龄 7岁以上　　**游戏人数** 1人以上

游戏时间 15分钟以上　　**游戏准备** 1颗鸡蛋、1瓶白醋、1个透明玻璃杯

yóu xì kāi shǐ la
游戏开始啦

jiāng bái cù dào rù bō li bēi li　　rán hòu bǎ jī dàn fàng jìn
① 将白醋倒入玻璃杯里，然后把鸡蛋放进

qù　　jī dàn hěn kuài chén rù le shuǐ dǐ
去，鸡蛋很快沉入了水底。

guò yī huìr　　　　jī dàn jìng rán xuán zhuǎn zhe xiàng shàng fú qǐ
② 过一会儿，鸡蛋竟然旋转着向上浮起

lái　　zhōu wéi hái chǎn shēng le xǔ duō xiǎo qì pào
来，周围还产生了许多小气泡。

小游戏中的大学问

jī dàn de mì dù dà yú cù de mì dù　　suǒ yǐ jī dàn kāi shǐ huì chén dǐ　　guò yī huìr
鸡蛋的密度大于醋的密度，所以鸡蛋开始会沉底。过一会儿，

dàn ké li de tàn suān gài yǔ cù suān fā shēng fǎn yìng　　shì fàng chū èr yǎng huà tàn　　shēng chéng cù suān gài
蛋壳里的碳酸钙与醋酸发生反应，释放出二氧化碳，生成醋酸钙，

dǎo zhì jī dàn de mì dù xiǎo yú cù de mì dù　　yú shì jī dàn piāo fú shàng lái　　ér èr yǎng huà tàn qì
导致鸡蛋的密度小于醋的密度，于是鸡蛋漂浮上来。而二氧化碳气

tǐ fù zhuó zài dàn ké shang　　tā men bù duàn de pò liè　　suǒ yǐ jī dàn huǎn huǎn de xuán zhuǎn qǐ lái
体附着在蛋壳上，它们不断地破裂，所以鸡蛋缓缓地旋转起来。

小游戏中的大学问

dì èr zhāng
第二章

quán qiú dì lǐ dà lián xiàn
全球地理大连线

yě xǔ nǐ hěn xǐ huan kàn tiān shang biàn huà duō duān de yún cai　　yě xǔ nǐ
也许你很喜欢看天上变化多端的云彩，也许你

céng jīng wèn guò bà ba　　gāo shān shì zěn me xíng chéng de　　yě xǔ nǐ hái xiǎng zhī
曾经问过爸爸"高山是怎么形成的"，也许你还想知

dào　yī nián wèi shén me yǒu sì jì　　　yī gè gè kàn sì jiǎn dān de wèn tí
道"一年为什么有四季"……一个个看似简单的问题，

shí jì shang yǔ wǒ men měi ge rén xī xī xiāng guān　zhè jiù shì dì lǐ　　zài běn
实际上与我们每个人息息相关，这就是地理。在本

zhāng zhōng　wǒ men jīng xīn wèi nǐ zhǔn bèi le yī gè gè jīng cǎi fēn chéng de dì lǐ
章中，我们精心为你准备了一个个精彩纷呈的地理

xiǎo yóu xì　　ràng nǐ jìn xíng yī cì qīng sōng yú yuè de
小游戏，让你进行一次轻松愉悦的

quán qiú dì lǐ dà lián xiàn　　dà dà fēng fù nǐ de
"全球地理大连线"，大大丰富你的

dì lǐ zhī shi
地理知识！

变大变小

bián dà biàn xiǎo

蜜蜂很小，在照片中却可能很大；大象很大，但照
片中很小。变大或者变小，这里面有着怎样的奥妙呢？

适合年龄 6岁以上　　**游戏人数** 1人以上

游戏时间 30分钟以上　　**游戏准备** 1张方格纸、几支彩色铅笔、几张大风景画

游戏开始啦

1. 在风景画上画出大方格，数一数共有多少方格。

2. 用另一张白纸剪出相同格数的小方格纸，并把剪好的小方格纸贴在纸板上。

3. 在小方格纸上一格一格地描下风景画中的风景。

小游戏中的 大学问

像这种把物体按照原来的形状完整地画出来，但尺寸比实际大或者小的绘图方法，就是绘制地图时常用的按比例放大或缩小的方法。

造"山"运动

山的形状各种各样，多美丽呀！它们到底是怎么形成的呢？

适合年龄	6岁以上	游戏人数	1人以上
游戏时间	25分钟以上	游戏准备	一些彩色的橡皮泥

游戏开始啦

❶ 把橡皮泥搓成厚度约为1.5厘米的条带状，再把几条橡皮泥叠在一起。

❷ 双手拿着橡皮泥的两端，慢慢朝中间挤压，可以看到一座"山"隆起在你面前。

小游戏中的大学问

地壳是由许多板块构成的，移动的板块互相碰撞时，构成板块的岩层被向上挤压，就会形成尖耸的高山，这些山叫做褶皱山，地球上很多山都是褶皱山。当然，并非所有的山都是褶皱山，也有的是由火山喷发所形成的锥状山。

高海拔，低压力
gāo hǎi bá, dī yā lì

高山和平地，哪儿的压力比较小呢？先猜一下，然后再做一下吧！

适合年龄 6 岁以上　　**游戏人数** 2 人以上

游戏时间 25 分钟以上　　**游戏准备** 1 个空塑料瓶、1 个大盆、橡皮泥、1 个圆规

游戏开始啦
yóu xì kāi shǐ la

❶ 用圆规在塑料瓶上从上到下依次钻三个洞。

❷ 用橡皮泥把三个洞封好，往瓶子里面加水直到装满。

❸ 拿起瓶子，让小伙伴拿掉封孔的橡皮泥，可以看到瓶子最上面的孔喷出的水柱没有下方两个孔喷得那么远。

小游戏中的大学问

水压和水的深度成反比，越是下面的水，压力越大，所以它会喷得越远。同样的，山峰顶部的气压（空气向下压在地球的重量）也比山下的气压小，也就是说高海拔的地方气压低。

雨到哪里去了

下雨天，许多地方都淋湿了，可一些靠墙壁的地方却很例外，竟然没被淋湿，那儿的雨都到哪里去了呢？

适合年龄 6岁以上　　**游戏人数** 10人以上

游戏时间 20分钟以上　　**游戏准备** 1把雨伞、3个同样的容器、1把尺

游戏开始啦

❶ 下雨天，穿戴雨具后，将三个容器拿到屋外，一个放在墙壁旁边，另外两个放在离墙远一点的不同位置。

❷ 雨停后，马上将三个容器拿到室内，不要弄混。量一量每个容器中的雨水，你会发现靠墙的容器中几乎没有雨水。

小游戏中的**大**学问

下雨时，因为山脉、建筑等高大物体的阻挡，形成了背风面，背风面干燥而几乎无雨，叫做雨阴区。游戏中 墙壁附近就是一个雨阴区，所以容器中几乎没有雨水。

云彩告诉你天气

你观察过天上的云彩吗？你知道不同的云彩预示着不同的天气吗？

适合年龄 6岁以上	游戏人数 1人以上
游戏时间 20天以上	游戏准备 1个笔记本、1支笔

游戏开始啦

1. 记录每天云的状况，例如：云的样子如何？是阴天、晴天，还是下雨？是毛毛雨，还是倾盆大雨？

2. 坚持记录20天以上，然后整理、分析，做一张天气图表，看看不同的云彩会带来什么样的天气。

小游戏中的大学问

人们常常用云来预测天气。像羽毛飘浮在高空的卷云象征晴朗；像棉花团的积云预示着温和的阳光；灰色而且高耸像山一样的积云叫做雷雨云，表示有雷阵雨。

冷、热、干、湿

地球上有些地方又干又热，有些地方又冷又湿，那么冷、热、干、湿对植物的生长有什么影响呢？

适合年龄 6岁以上   **游戏人数** 1人以上

游戏时间 20分钟以上   **游戏准备** 3个塑料盒、一些纸巾、1包种子

游戏开始啦

❶ 将三个塑料盒都先铺上纸巾，再撒上种子，然后放在不同的地方。

❷ 将一个塑料盒放在冰箱里，另外两个放在向阳的窗台上，其中一个经常浇水，并盖上盖子。看看哪儿最适合种子生长。

小游戏中的大学问

不同的地方，提供不同的条件，就像几个不同的气候区一样。

温带气候温度、阳光、水分条件比较适中，比较适合植物生长。

极地气候十分寒冷，热带雨林气候又热又潮湿，不太适合一些植物的生长。

迟到的春天

为什么有些地方的春天会姗姗来迟呢？跟我一起去探索一下这是怎么回事吧！

适合年龄 6岁以上　**游戏人数** 1人以上

游戏时间 30分钟以上　**游戏准备** 1杯深色的土、1杯淡色的沙、2支温度计、1个盘子、1盏台灯

游戏开始啦

① 把盘子放在台灯旁边。盘子一半装深色的土，一半装淡色的沙。

② 在土和沙上各插一支温度计，可以看见两边的温度是一样的。

③ 打开台灯，让灯照射盘子半个小时，记下此时温度计的温度，可以看见深色土温度比淡色沙的温度要高许多。

小游戏中的 大学问

深色的物体对光及热的吸收力强于浅色的物体，因此，太阳照射地球时，土壤颜色深的地区吸收热量多，很快就温暖起来。土壤颜色淡的地区温度升高得很慢，所以，有些地方的春天总是来得很迟。

柚子上的"四季"

用一个柚子就可以演示"四季"是怎样形成的，真的很简单哦！

适合年龄	6岁以上	**游戏人数**	1人以上
游戏时间	30分钟以上	**游戏准备**	1个柚子、1根棒针、1盏没有灯罩的台灯、一块椭圆形厚纸板

游戏开始啦

❶ 把棒针插入柚子中心，代表地球及地轴。打开台灯并放在厚纸板中央，代表太阳。直直地拿着棒针，转动柚子，可以看到不管柚子转到哪个位置，都有相同面积被照亮。

❷ 倾斜柚子，使棒针倾向同一方向。让柚子不断旋转。结果发现照亮柚子的光线会随着柚子的不同位置而变化。

小游戏中的大学问

如果地轴是垂直的，地球就不会有四季了，但有了倾斜以后，地球绕太阳运转时，才产生了四季变化。

"新潮"风速器

小朋友，刮风的时候，你能不能判断出风的大小呢？这里有一个有趣又有用的办法，来试试吧！

适合年龄 6岁以上　　**游戏人数** 1人以上

游戏时间 20分钟以上　　**游戏准备** 1根长竿子、绵纸、写字纸、锡箔纸、薄纸板、厚纸板各1张，一些细线

游戏开始啦

① 将各种纸分别剪成小长条状，再在各纸条的一端钻个孔，用细线依次绑在长竿上，风速器就做好了。

② 将风速器拿到屋外，看看风有多大。微风只吹得动绵纸，强风能吹动厚纸板。

小游戏中的大学问

我们地球外围的空气一直在流动，这种流动的空气就叫做风。气象学家在判断风的强度大小时用蒲福风级标准，将自然界的风分为十三级。

乘风而去
chéng fēng ér qù

人们常说"东南风""西北风",这风向是怎么判断出来的呢?其实很简单,你也可以分辨出来哦!

适合年龄 6岁以上　　**游戏人数** 1人以上

游戏时间 15分钟以上　　**游戏准备** 一些小叶片(碎草)、1枚指南针

游戏开始啦

1. 收集一些碎草,站在室外,找一个没有草且远离建筑物、灌木丛或树木的地方。

2. 用指南针辨别出方位,将小树叶和碎草垂直抛向天空,可以发现碎草和树叶飞动的方向会随着风向产生变化。

小游戏中的大学问

地心引力会把碎草往下(垂直)拉,但风却会把碎草朝横向吹,所以碎草在掉落地面前,会顺着弧形飞动。横向飞动时,方向随风向不同而改变。如果碎草朝北飞,代表风从南朝北吹。风从哪个方向吹来,就代表它的风向,所以从南朝北吹的风称为南风。

自制赤道模型

你知道赤道在地球的什么位置吗？人们又是怎么将地球分为南、北半球的呢？

适合年龄 6岁以上　　**游戏人数** 1人以上

游戏时间 20分钟以上　　**游戏准备** 1个圆规、1张白色的复印纸、1把剪刀、1支笔、1张地图

游戏开始啦

❶ 用圆规在纸上画一个大圆，再把画好的圆剪下来。

❷ 将剪下的圆对折两次，一次上下对折，一次左右对折。

❸ 用笔和尺把折线描出来，对照地图，在圆上标示出：子午线、赤道、北半球和南半球。这样，赤道模型就做好了。

小游戏中的 大学问

子午线也叫经线，与经线垂直、环绕地球且相互平行的许多圆圈线为纬线。处于地球中央位置、到两极距离相等的纬线称为赤道。赤道把地球分成北半球和南半球。

蓄热比赛

陆地与海洋比起来，哪个更能吸热？是陆地吗？还是动手做个游戏来判定吧！

适合年龄 6岁以上　　**游戏人数** 1人以上

游戏时间 20分钟以上　　**游戏准备** 1个温度计、一杯水、一杯土

游戏开始啦

❶ 在一个晴天，将一杯水和一杯土分别放在太阳底下照射20分钟。

❷ 测量杯子中水和土的温度，你会发现土变得比较热，而水就凉得多。

小游戏中的大学问

在阳光照射下，土热得比水要快。在水中，热可以向下传导，土则把热量保留在表面，因此，陆地表面很热。相同量的水和土，水温升高所需的热量要比土大得多，所以，在晴天，陆地比海洋热。

zhǔ tí dì tú
主题地图

nǐ zuì xǐ huan huò zhě yìn xiàng zuì shēn kè de dì fang shì nǎr shì zhe wèi
你最喜欢或者印象最深刻的地方是哪儿？试着为

tā huì zhì yī zhāng zhǔ tí dì tú ba
它绘制一张主题地图吧！

适合年龄 6岁以上　　**游戏人数** 1人以上

游戏时间 20分钟以上　　**游戏准备** 1张纸、1支铅笔、几支彩笔

yóu xì kāi shǐ lā
游戏开始啦

bǎ nǐ xǐ huan de guó jiā huò chéng shì dì tú huì zhì xià lái
❶ 把你喜欢的国家或城市地图绘制下来。

xiān nòng qīng chu gāi guó jiā huò chéng shì shèng chǎn de shuǐ guǒ jí qí chǎn dì zài zài dì tú
❷ 先弄清楚该国家或城市盛产的水果及其产地，再在地图

shàng de xiāng yìng dì qū huà chū zhè xiē shuǐ guǒ zhè yàng yǐ shuǐ guǒ wéi
上的相应地区画出这些水果，这样，以水果为

zhǔ tí de dì tú jiù zuò hǎo le
主题的地图就做好了。

小游戏中的 **大**学问

dì tú bù jǐn jǐn zhǐ yǒu biāo shì guó jiā chéng zhèn
地图不仅仅只有标示国家、城镇、

dào lù děng zī liào de gōng néng wǒ men hái kě yǐ gēn jù yī ge qū yù de qì xiàng nóng yè hé yě shēng
道路等资料的功能，我们还可以根据一个区域的气象、农业和野生

dòng wù děng xiāng guān xìn xī huì zhì xiāng guān de zhǔ tí dì tú
动物等相关信息，绘制相关的主题地图。

chén mò de shān
"沉没"的山

不要误解，这里的山是指地图上的一种特殊图示，即等高线，下面我们就来了解一下吧！

适合年龄 6岁以上　　**游戏人数** 1人以上

游戏时间 20分钟以上　　**游戏准备** 1个较深的塑料盆、一些橡皮泥、1个水壶、1根牙签、1把尺

yóu xì kāi shǐ la
游戏开始啦

❶ 先把橡皮泥捏成山的形状，再把它放进塑料盆里，并把尺直立在盆子边缘。

❷ 每次往盆中加入一定量的水（即水面每变化一次），就用牙签沿着水面高度在橡皮泥上画一圈线，直到水面没过橡皮泥山的顶部。

小游戏中的大学问

等高线是指海平面以上高度相等的各地点连线，它可以直观呈现地形的高低起伏。看起来像一个个不规则的同心圆。有的地图将每一圈加上不同深浅的颜色，是为了让地图看起来像立体图。

图解地球

地球内部是什么样子的呢？我们做一个地球剖面图很快就明白了。

适合年龄 6岁以上　　**游戏人数** 1人以上

游戏时间 30分钟以上　　**游戏准备** 4大张彩纸、1把剪刀、1瓶胶水、1支笔、1个圆规、1把尺子

游戏开始啦

1. 在四张彩纸上各画一个圆，圆的半径依次为13厘米、12厘米、8厘米、4厘米，然后把这些圆剪下来。

2. 从小到大依次将一个圆贴在另一个圆的中心，依次标为内核、外核、地幔、地壳。

小游戏中的 大 学问

地球的中心部位是内核，由铁、镍金属组成；它的外面是外核，由液态的铁、镍构成。

外核的外面是地幔，主要由固态岩石和一些岩浆构成。地球最表面一层是地壳。

zhì zuò dì céng
制作"地层"

dì qiào yī céng yī céng de　　tā men dōu shì zěn me xíng chéng de ne　　wǒ men
地壳一层一层的，它们都是怎么形成的呢？我们

xiàn zài jiù lái mó nǐ yī xià ba
现在就来模拟一下吧！

适合年龄 6岁以上　　　**游戏人数** 1人以上

游戏时间 45分钟以上　　**游戏准备** 一些石子、沙子、泥巴、水，
1个有盖的玻璃瓶

yóu xì kāi shǐ la
游戏开始啦

wǎng bō　li píng zhōng fàng rù tóng yàng duō de shā zi　shí zǐ
❶ 往玻璃瓶中放入同样多的沙子、石子

hé ní ba　　zài dào rù yī xiē shuǐ　ràng shuǐ yān mò ní shā
和泥巴，再倒入一些水，让水淹没泥沙。

bǎ píng gài gài shàng bìng nǐng jǐn　　yòng lì yáo huàng yī xià　　zài jiāng píng zi fàng zhì zài yī páng
❷ 把瓶盖盖上并拧紧，用力摇晃一下，再将瓶子放置在一旁。

fēn zhōng yǐ hòu　　nǐ huì fā xiàn píng dǐ xíng chéng le　jǐ céng chén jī wù　　qí zhōng　kē
40分钟以后，你会发现瓶底形成了几层沉积物。其中，颗

lì zuì dà de chén zài píng zi dǐ bù　　kē lì jiào xiǎo de zé liú zài shàng miàn
粒最大的沉在瓶子底部，颗粒较小的则留在上面。

小游戏中的 大学问

dì céng zhǔ yào yóu chén jī xià lái de gè zhǒng bù tóng de yán shí zǔ chéng　　tā bāo kuò yán jiāng lěng
地层主要由沉积下来的各种不同的岩石组成，它包括岩浆冷

què xíng chéng de　yán jiāng yán　　yán jiāng yán shòu fēng yǔ qīn shí xíng chéng de chén jī yán hé chén jī yán shòu
却形成的岩浆岩、岩浆岩受风雨侵蚀形成的沉积岩和沉积岩受

gāo wēn gāo yā　ér xíng chéng de biàn zhì yán
高温高压而形成的变质岩。

fáng zi zài dòng
房子在动

dì qiú zǒng shì zài bù tíng de zhuàn dòng   yào zhèng míng zhè yī diǎn hěn jiǎn dān
地球总是在不停地转动，要证明这一点很简单，

kàn kan xià miàn zhè ge yóu xì ba
看看下面这个游戏吧！

适合年龄 6岁以上   **游戏人数** 1人以上

游戏时间 一个月以上   **游戏准备** 几支粉笔

yóu xì kāi shǐ lā
游戏开始啦

① zài cháo yáng fáng jiān de dì shang huò zhě qiáng shang tài yáng néng zhào shè dào de dì fang yòng fěn
在朝阳房间的地上或者墙上太阳能照射到的地方，用粉

bǐ huà shàng xiàn   jì xià zhè ge dì fang jí què qiè de shí jiān
笔画上线。记下这个地方及确切的时间。

② yī zhōu yǐ hòu   zài xiāng tóng de shí jiān   huà lìng yī tiáo xiàn   zhào yàng jì xià què qiè de
一周以后，在相同的时间，画另一条线，照样记下确切的

dì diǎn hé rì qī   jiāng zhè ge jì lù chí xù yī ge yuè yǐ shàng   nǐ huì fā xiàn tài
地点和日期。将这个记录持续一个月以上。你会发现太

yáng měi zhōu zài fáng jiān li suǒ zhào de wèi zhì dōu bù tóng
阳每周在房间里所照的位置都不同。

小游戏中的 大学问

dì qiú zǒng shì bù tíng de rào zhe tài yáng zhuàn dòng   nǐ de fáng jiān duì zhe tài yáng de wèi zhì yě zǒng
地球总是不停地绕着太阳转动，你的房间对着太阳的位置也总

shì zài biàn   suǒ yǐ měi tiān tài yáng zhào zài fáng jiān li de wèi zhì yě bù yī yàng   zhè yàng   nǐ měi zhōu
是在变，所以每天太阳照在房间里的位置也不一样。这样，你每周

zài fáng jiān li huà de xiàn yě jiù bù tóng le
在房间里画的线也就不同了。

shí wù wǎng
食物网

rú guǒ nǐ xiǎng yán jiū yī ge shēng tài qún luò　nà jiù zuò yī ge shí wù wǎng ba
如果你想研究一个生态群落，那就做一个食物网吧！

适合年龄 6岁以上　　**游戏人数** 1人以上

游戏时间 30分钟以上　　**游戏准备** 一些小动物、植物图片，一些毛线，
1张纸

yóu xì kāi shǐ la
游戏开始啦

shōu jí yī xiē dòng wù zhí wù tú piàn jiāng tā men zhān tiē zài zhǐ shang bù tóng de wèi zhì
❶ 收集一些动物、植物图片，将它们粘贴在纸上不同的位置。

yòng máo xiàn bǎ měi zhǒng shēng wù hé tā de shí wù lián jiē qǐ lái　　yī ge shí wù wǎng jiù zuò
❷ 用毛线把每种 生物和它的食物连接起来，一个食物网就做

hǎo le
好了。

小游戏中的大学问

dì qiú shang suǒ yǒu de shēng wù zài shí wù fāng miàn dōu shì xiāng
地球 上 所有的生物在食物方面都是相

hù yī lài de　　zhè zhǒng yī lài guān xì tōng cháng yǒu sān ge huán jié
互依赖的。这种依赖关系通常有三个环节，

jí zhí wù zhí shí dòng wù ròu shí dòng wù zài yī ge shēng
即：植物→植食动物→肉食动物。在一个生

wù qún luò li shēng wù zhī jiān de xiāng hù guān xì bìng bù shì yī
物群落里，生物之间的相互关系并不是一

ge jiǎn dān de zhí xiàn guān xì　　ér shì bǐ cǐ zhī jiān zòng héng
个简单的直线关系，而是彼此之间纵 横

jiāo cuò　　jiāo zhī chéng wéi yī ge cuò zōng fù zá de wǎng
交错，交织成为一个错综复杂的网

zhuàng jí shí wù wǎng
状，即食物网。

guān chá mí nǐ shēng wù
观察迷你生物

nóng mín bó bo zài fān tǔ de shí hou fā xiàn tǔ rǎng zhōng yǒu xǔ duō xiǎo shēng
农民伯伯在翻土的时候发现土壤中有许多小生

wù zhè xiē xiǎo jiā huo jiū jìng duǒ zài tǔ li gàn shén me ne
物，这些小家伙究竟躲在土里干什么呢？

适合年龄 6岁以上　　**游戏人数** 1人以上

游戏时间 30分钟以上　　**游戏准备** 一些土壤、1个大筛子、1个大的透明罐子、1个放大镜、1盏台灯

yóu xì kāi shǐ la
游戏开始啦

bǎ tǔ rǎng zhōng de xiǎo shí tou hé shù zhī jiǎn chū lái rán hòu jiāng tǔ rǎng fàng jìn shāi zi li
❶ 把土壤中的小石头和树枝捡出来，然后将土壤放进筛子里。

bǎ shāi zi píng fàng zài guàn zi shang shāi yī xià zài bǎ guàn zi fàng zài dǎ kāi de tái dēng xià
❷ 把筛子平放在罐子上筛一下，再把罐子放在打开的台灯下。

guò yī huìr yòng fàng dà jìng kě yǐ kàn dào guàn zi li chū xiàn le yī xiē xiǎo shēng wù
❸ 过一会儿，用放大镜可以看到罐子里出现了一些小生物。

小游戏中的大学问

tǔ rǎng zhōng de xiǎo shēng wù xǐ huan
土壤中的小生物喜欢

dì xia yīn shī de huán jìng tái dēng de rè huì
地下阴湿的环境，台灯的热会

ràng tǔ rǎng biàn nuǎn xiǎo shēng wù wèi le duǒ
让土壤变暖，小生物为了躲

bì rè ér táo dào guàn dǐ suǒ yǐ wǒ men
避热而逃到罐底，所以，我们

jiù kàn jiàn tā men le
就看见它们了。

称职小导游

给自己一个机会扮演一下导游吧！看看你是否称职。

适合年龄 6岁以上　　**游戏人数** 2人以上

游戏时间 25分钟以上　　**游戏准备** 各国著名风景名胜的图片、1把剪刀、1本地图集

游戏开始啦

❶ 先查阅地图集，找出每张图片上风景名胜所在地，在图片背面写下几句与名胜有关的话。

❷ 你和小伙伴分别扮演导游或观光客，观光客手里拿着风景图片向导游提问：这里是哪里呀？位于哪个国家或城市？

小游戏中的大学问

世界各地有许多著名的风景名胜，它们有的属于文化遗产，如：中国北京的故宫、印度的泰姬陵、英国伦敦的塔桥等；有的属于自然遗产，如：中国四川的九寨沟、中国湖南的张家界、日本的富士山等。

家族地图

jiā zú dì tú

gēn jù nǐ men jiā zú qiān yí de lì shǐ zuò yī

根据你们家族迁移的历史做一

zhāng jiā zú dì tú ba

张家族地图吧！

适合年龄 6 岁以上　　**游戏人数** 2 人以上

游戏时间 25 分钟以上　　**游戏准备** 1 张大的世界地图、1 支笔、1 张描图纸、彩色毛线、1 把剪刀、图钉

游戏开始啦

yóu xì kāi shǐ la

❶ xiān yán jiū zì jǐ de jiā pǔ huò xún wèn dà rén　cóng zǔ fù mǔ dào nǐ zhè yī dài　nǐ

先研究自己的家谱或询问大人：从祖父母到你这一代，你

men jiā qiān xǐ guò ma　　wèi shén me yào qiān xǐ

们家迁徙过吗？为什么要迁徙？

❷ cān zhào dì tú　jiāng nǐ men jiā zú qiān xǐ de lù xiàn miáo huì xià lái　yòng bǐ bǎ měi yī

参照地图，将你们家族迁徙的路线描绘下来，用笔把每一

cì qiān xǐ hòu de jū zhù dì zuò yī ge biāo zhù

次迁徙后的居住地做一个标注。

❸ yòng máo xiàn hé tú dīng àn shí jiān shùn xù jiāng xiāng lín de jū zhù dì lián jiē qǐ lái

用毛线和图钉按时间顺序将相邻的居住地连接起来。

小游戏中的 大学问

chéng shì lǐ zǎo qī de rén wèi le xún zhǎo gèng hǎo de shēng huó huán jìng　jīng cháng dà pī cóng yī ge

城市里早期的人为了寻找更好的生活环境，经常大批从一个

dì qū qiān xǐ dào lìng yī ge dì qū　xiàn zài gè guó dà chéng shì de jū mín　hěn duō dōu lái zì bù tóng

地区迁徙到另一个地区。现在各国大城市的居民，很多都来自不同

de guó jiā　bù tóng de dì qū　tā men jīng guò cháng tú bá shè　zuì zhōng cái zài dāng dì dìng jū xià lái

的国家、不同的地区。他们经过长途跋涉，最终才在当地定居下来。

纸风车
zhǐ fēng chē

你喜欢玩风车吗？一阵风吹来，风车就会"咕噜噜"不停地转动起来。现在我们做一个风车玩一玩吧！

适合年龄 6 岁以上　　**游戏人数** 1 人以上

游戏时间 25 分钟以上　　**游戏准备** 1 张薄纸、1 根细棒、1 根大头针、1 颗小珠子、1 把剪刀、1 把尺

游戏开始啦

1. 把纸剪成正方形，在中心做一个记号。再从每个角画一条延长到中心点附近的直线，然后沿着线条剪开。

2. 剪开以后，将每个角折到中心点，并用大头针插入固定成风车。

3. 把大头针剩余的部分插进细棒的一端，风车就做好了。

小游戏中的大学问

风是一种自然资源，它可以被人类利用来做许多事情。风可以让风轮机的叶片旋转，这和风吹动纸风车的道理一样。将风轮机和发电机相连，可以带动发电机发电。

tǔ rǎng yán jiū zhuān jiā
"土壤研究专家"

wèi shén me yǒu xiē dì qū de tǔ rǎng li bù néng zhòng zhí zhuāng jia ne zuò yī
为什么有些地区的土壤里不能 种植庄稼呢？做一

huí tǔ rǎng yán jiū zhuān jiā zhǎo chū qí zhōng de yuán yīn ba
回 "土壤研究专家"，找出其中的原因吧！

适合年龄 6岁以上　　**游戏人数** 1人以上

游戏时间 2个星期　　**游戏准备** 1个盘子、一些土壤、盐、水

yóu xì kāi shǐ la
游戏开始啦

zài pán zi dǐ xià pū lí mǐ hòu de yán zài pū shàng lí mǐ hòu de tǔ rǎng rán
❶ 在盘子底下铺1.5厘米厚的盐，再铺上5厘米厚的土壤，然

hòu yā jǐn
后压紧。

wǎng pán zi li jiāo shuǐ bǎ pán zi fàng zài tài yáng dǐ xià děng tǔ rǎng biàn gān hòu zài jiāo
❷ 往盘子里浇水，把盘子放在太阳底下，等土壤变干后再浇

shuǐ fǎn fù zuò jǐ cì
水，反复做几次。

小游戏中的 大学问

zài rì zhào qiáng liè de dì fang dì miàn shuǐ kuài sù zhēng fā
在日照 强烈的地方，地面水快速蒸发，

dì xià shuǐ yīn cǐ shàng shēng dào dì miàn dì xià shuǐ zhōng hán yǒu
地下水因此上 升到地面。地下水中含有

yán fèn zhè xiē yán fèn xiān cóng yán shí zhōng róng jiě chū lái shàng
盐分，这些盐分先从岩石中溶解出来，上

shēng dào dì miàn hòu jiù xíng chéng le yán dì dì qiú shang mǒu xiē
升到地面后就形成了盐地。地球上 某些

dì qū yóu yú tǔ rǎng yán fèn tài gāo suǒ yǐ bù néng zhòng zhí zuò wù
地区由于土壤盐分太高，所以不能 种植作物。

你的食物来自哪国

从现在开始，留意一下你吃过哪些国家的食物，然后做一张有趣又有益的图表吧！

适合年龄 6岁以上   **游戏人数** 1人以上

游戏时间 30分钟以上   **游戏准备** 1张地图、1支笔、毛线、大头针、剪刀

游戏开始啦

1. 收集不同国家的食物商品标签，写下名称和国名。

2. 为你收集的食物画一幅象征图，剪下来贴在地图上的对应位置。

3. 把食物名称贴在地图边上的空白处，用毛线把名称和商品连接起来并用大头针固定。

小游戏中的大学问

随着社会的发展，世界各国的联系越来越密切，各国每天都在进行商品贸易活动。我们的许多生活用品和农产品，都来自全球各地。

rén kǒu mì dù tú
人口密度图

rén kǒu mì dù shì shén me yì si   tā yǒu shén
人口密度是什么意思？它有什

me yì yì ne
么意义呢？

适合年龄 6岁以上　　**游戏人数** 1人以上

游戏时间 25分钟以上　　**游戏准备** 几个长条纸筒、1张纸板、1把尺、剪刀、颜料

yóu xì kāi shǐ la
游戏开始啦

shè dìng zhǐ tǒng de cháng dù dān wèi   rú   lí mǐ   měi píng fāng qiān mǐ   rén   chá chū
① 设定纸筒的长度单位，如5厘米＝每平方千米100人。查出

měi ge guó jiā de rén kǒu mì dù   huàn suàn chéng zhǐ tǒng cháng dù bìng jiǎn xià   jiāng zhǐ tǒng
每个国家的人口密度，换算成纸筒长度并剪下。将纸筒

tú chéng bù tóng de yán sè bìng zài shàng miàn biāo chū guó jiā míng chēng
涂成不同的颜色并在上面标出国家名称。

zài lí zhǐ bǎn biān yuán   lí mǐ chù huà yī tiáo xiàn   yán zhe xiàn bǎ zhǐ bǎn zhé qǐ lái dàng
② 在离纸板边缘10厘米处画一条线，沿着线把纸板折起来当

jī zuò   zài bǎ zhǐ tǒng tiē zài jī zuò shang   zhè yàng rén kǒu mì dù tú jiù zuò hǎo le
基座，再把纸筒贴在基座上。这样人口密度图就做好了。

小游戏中的大学问

rén kǒu de duō shao hé dì fang miàn jī de bǐ lì   jiào zuò rén kǒu mì dù   rén kǒu mì dù yuè
人口的多少和地方面积的比例，叫做人口密度。人口密度越

dà   biǎo shì zhè yī dì qū de rén kǒu yuè duō   zài guò qù de jǐ shí nián li   shì jiè rén kǒu dà liàng
大，表示这一地区的人口越多。在过去的几十年里，世界人口大量

zēng jiā   suí zhe shì jiè rén kǒu zhú jiàn zēng duō   xǔ duō dì qū biàn de yuè lái yuè yōng jǐ
增加。随着世界人口逐渐增多，许多地区变得越来越拥挤。

小游戏中的大学问

dì sān zhāng
第三章

yǔ dà zì rán qīn mì jiē chù
与大自然亲密接触

yè mù jiàng lín shí nǐ yǎng wàng guò tiān shang de yuè liang ma dà yǔ qīng pén
夜幕降临时,你仰望过天上的月亮吗？大雨倾盆

hòu nǐ liú yì guò tiān shang de cǎi hóng ma chūn tiān nǐ wén guò huā ér zuì rén de
后,你留意过天上的彩虹吗？春天,你闻过花儿醉人的

xiāng qì ma qiū tiān nǐ guān chá guò piān piān qǐ wǔ de luò yè ma zhǐ
香气吗？秋天,你观察过翩翩起舞的落叶吗？……只

yào nǐ yuàn yì nǐ suí shí kě yǐ hé dà zì rán bǎo chí qīn mì jiē chù liǎo jiě yī
要你愿意,你随时可以和大自然保持亲密接触,了解一

xià luò yè de mì mì dòng wù wáng guó li de shù xué jiā dà zì rán
下"落叶的秘密"、"动物王国里的数学家"……大自然

bù jǐn kě yǐ shǐ nǐ xīn qíng yú kuài hái huì gěi nǐ xǔ duō shēn kè de qǐ
不仅可以使你心情愉快,还会给你许多深刻的启

dí jiù xiàng běn zhāng zhǎn shì gěi nǐ de yī ge měi hǎo ér yòu chōng
迪,就像本章展示给你的——一个美好而又充

mǎn zhì huì de dà zì rán
满智慧的大自然!

美丽的彩虹

měi lì de cǎi hóng

你喜欢彩虹吗？如果喜欢，就给自己制造一道美
nǐ xǐ huan cǎi hóng ma rú guǒ xǐ huan jiù gěi zì jǐ zhì zào yī dào měi

丽的彩虹吧！
lì de cǎi hóng ba

适合年龄 6岁以上　　**游戏人数** 1人以上

游戏时间 30分钟以上　　**游戏准备** 1只手电筒、1个方形盘子、1面镜子、1张白纸、水

游戏开始啦
yóu xì kāi shǐ la

① 在方形盘子中注入适量的水，然后在盘子较窄的一边放上镜子。
zài fāng xíng pán zi zhōng zhù rù shì liàng de shuǐ rán hòu zài pán zi jiào zhǎi de yī biān fàng shang jìng zi

② 让手电筒的光照在浸入水里的那一部分镜子上。
ràng shǒu diàn tǒng de guāng zhào zài jìn rù shuǐ li de nà yī bù fen jìng zi shang

③ 把白纸放在镜子前面，可以看见一道美丽的彩虹出现在白纸上。
bǎ bái zhǐ fàng zài jìng zi qián miàn kě yǐ kàn jiàn yī dào měi lì de cǎi hóng chū xiàn zài bái zhǐ shang

小游戏中的大学问

手电筒光看起来是白色的，其实是由七种颜色的光组成的。
shǒu diàn tǒng guāng kàn qǐ lái shì bái sè de qí shí shì yóu qī zhǒng yán sè de guāng zǔ chéng de

当手电筒光照在水中镜子上的时候，会被水折射。折射后七种光会分散开，投影到白纸上，就像一道彩虹一样。
dāng shǒu diàn tǒng guāng zhào zài shuǐ zhōng jìng zi shang de shí hou huì bèi shuǐ zhé shè zhé shè hòu qī zhǒng guāng huì fēn sàn kāi tóu yǐng dào bái zhǐ shang jiù xiàng yī dào cǎi hóng yī yàng

太阳的"怪事"

tài yáng de guài shì

太阳从地平线升起来的前几分钟，我们可以看见它。太阳落下以后我们还能看到它，奇怪吧！

适合年龄 6岁以上　　**游戏人数** 1人以上

游戏时间 15分钟以上　　**游戏准备** 1个装满水的饮料瓶、几本书、1盏台灯

游戏开始啦

❶ 把几本书叠起来，放在桌子的一边。把装水的瓶子放在书旁边。

❷ 把台灯放在桌子的另一边，注意让书的高度挡住光线。结果，即使灯的位置比书还低，灯光被挡住了，还是可以看见灯光。

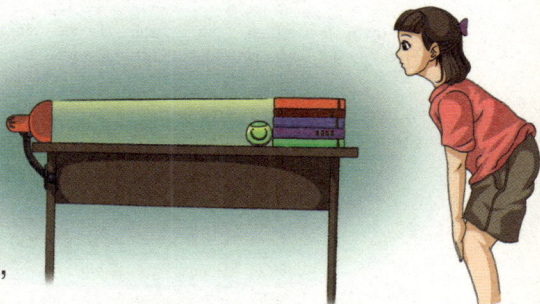

小游戏中的大学问

装满水的瓶子就像地球大气层，当光线照射时，大气层会折射光线，让我们看到物体的影像。正是由于光线折射的缘故。所以，太阳升起前或落下去的几分钟，我们还能看见它。

千变万化的月亮

qiān biàn wàn huà de yuè liang

月亮有时像弯钩，有时像小船，有时像大饼……

它为什么会千变万化呢？

适合年龄	6岁以上	游戏人数	1人以上
游戏时间	20分钟以上	游戏准备	1盏没有灯罩的台灯、1个皮球、1支铅笔

游戏开始啦

1. 把台灯放在桌上，打开，站在灯泡周围。将铅笔的一端插入皮球中。举起皮球，皮球代表月亮，灯泡代表太阳，自己的头代表地球。

2. 缓慢移动皮球，使其绕头旋转一周，可以发现随着皮球的移动，皮球上的阴影也在不断发生变化。

小游戏中的大学问

皮球上的阴影由少到多，再由多到少。同理，相对于"静止的"太阳，月亮围绕地球转动，其相对位置不停地变化，反射光的部分有时增加，有时减少，所以，从地球上看，月亮有时圆、有时缺。

yuè liang de guāng huán
月亮的光环

rú guǒ nǐ xǐ huan guān chá yuè liang de huà kě yǐ fā xiàn yǒu shí zài yuè liang
如果你喜欢观察月亮的话，可以发现有时在月亮

de zhōu wéi huì chū xiàn yī quān guāng huán tā shì zěn me xíng chéng de ne
的周围会出现一圈光环。它是怎么形成的呢？

适合年龄 6岁以上　　**游戏人数** 2人以上

游戏时间 10分钟以上　　**游戏准备** 1盏台灯、冰箱、1个透明塑料杯

yóu xì kāi shǐ la
游戏开始啦

bǎ sù liào bēi fàng rù bīng xiāng lěng cáng fēn zhōng huò gèng jiǔ
① 把塑料杯放入冰箱冷藏5分钟或更久。

dǎ kāi tái dēng tiáo zhěng tái dēng gāo dù ràng dēng pào yǔ nǐ de shì xiàn tóng gāo
② 打开台灯，调整台灯高度，让灯泡与你的视线同高。

bǎ sù liào bēi cóng bīng xiāng zhōng ná chū lái ràng xiǎo huǒ bàn wǎng bēi zi shang hū qì nǐ tòu
③ 把塑料杯从冰箱中拿出来，让小伙伴往杯子上呼气。你透

guò sù liào bēi kàn dēng pào fā xiàn dēng pào de zhōu wéi chū xiàn jǐ zhǒng bù tóng de yán sè
过塑料杯看灯泡，发现灯泡的周围出现几种不同的颜色。

小游戏中的 **大**学问

wǒ men hū chū lái de shuǐ zhēng qì yù dào lěng de sù liào bēi jiù huì níng jié chéng
我们呼出来的水蒸气遇到冷的塑料杯，就会凝结成

xiǎo shuǐ dī dāng nǐ tòu guò xiǎo shuǐ dī kàn guāng shí xiǎo shuǐ dī huì bǎ guāng fēn lí chéng
小水滴。当你透过小水滴看光时，小水滴会把光分离成

jǐ zhǒng bù tóng de yán sè jiù xiàng wǒ men tòu guò yún céng zhōng de xiǎo shuǐ dī
几种不同的颜色，就像我们透过云层中的小水滴

kàn yuè liang zhōu wéi de guāng yī yàng néng kàn dào yuè de guāng huán
看月亮周围的光一样，能看到月的光环。

wǒ de xiǎo huā yuán
"我"的小花园

rú guǒ nǐ yuàn yì jiù zuò yī ge sī rén xiǎo huā yuán ràng xiǎo péng yǒu
如果你愿意，就做一个"私人"小花园，让小朋友

xiàn mù yī xià ba
羡慕一下吧！

适合年龄 6岁以上　　**游戏人数** 1人以上

游戏时间 几个月　　**游戏准备** 2个大的方形盘子、1个铲子

yóu xì kāi shǐ la
游戏开始啦

zài yě wài liǎng chù bù tóng de dì fang shōu jí yī xiē tǔ rǎng fēn bié fàng zài liǎng ge pán zi li
❶ 在野外两处不同的地方收集一些土壤，分别放在两个盘子里。

měi tiān wèi liǎng pán tǔ jiāo shuǐ guò shàng jǐ ge yuè kě yǐ kàn dào jí shǐ méi yǒu bō sǎ
❷ 每天为两盘土浇水，过上几个月，可以看到即使没有播撒

rèn hé zhǒng zi yě kě yǐ kàn dào tǔ rǎng zhōng yǒu yòu miáo zhǎng chū lái
任何种子，也可以看到土壤中有幼苗长出来。

小游戏中的大学问

zài yě wài de tǔ rǎng li yī bān dōu hán yǒu yě shēng zhí
在野外的土壤里，一般都含有野生植

wù de zhǒng zi gè zhǒng zhí wù yòng xǔ duō bù tóng de fāng fǎ lái
物的种子。各种植物用许多不同的方法来

chuán bō tā men de zhǒng zi tā men lì yòng fēng liú shuǐ hé gè
传播它们的种子，它们利用风、流水和各

zhǒng xiǎo dòng wù bǎ zhǒng zi dài dào bié chù de ní tǔ
种小动物把种子带到别处的泥土

li rán hòu děng dài jǐ huì fā yá
里，然后等待机会发芽。

黑暗中生长

猜猜看，如果将绿色植物放在黑暗中，它会长成什么样子呢？

适合年龄 6岁以上	游戏人数 1人以上
游戏时间 2星期	游戏准备 1块木板

游戏开始啦

1 选一块草坪，在草坪边缘用木板盖住青草。

2 两星期以后，将木板拿开，可以看到青草由原来的绿色变成了浅绿色或嫩黄色。

小游戏中的大学问

不仅是青草，还有其他许多植物也是一样，它们都需要利用阳光制造生长所需的养分，形成叶绿素，长成绿色。这个过程也叫光合作用。如果没有阳光的照射，它不仅不能长成绿色，还会死亡呢。

fēn qīng wǔ gǔ
分清"五谷"

rén men cháng shuō yào xiǎng shēn tǐ hǎo jiù dé duō chī wǔ gǔ zá liáng nà
人们常说：要想身体好，就得多吃五谷杂粮。那

nǐ fēn de qīng wǔ gǔ ma
你分得清"五谷"吗？

适合年龄 6岁以上　　**游戏人数** 2人以上

游戏时间 30分钟以上　**游戏准备** 1支铅笔，小米、小麦、玉米、稻米、高
梁各半碗和它们的图片各1张，5张硬纸

yóu xì kāi shǐ la
游戏开始啦

jiāng xiǎo mǐ xiǎo mài yù mǐ dào mǐ gāo liang de tú piàn tiē zài yìng zhǐ shang bìng biāo
1 将小米、小麦、玉米、稻米、高粱的图片贴在硬纸上，并标

chū míng chēng zài páng biān bǎi shàng xiǎo mǐ xiǎo mài yù mǐ dào mǐ gāo liang
出名称。在旁边摆上小米、小麦、玉米、稻米、高粱。

qǐng xiǎo huǒ bàn lián lián kàn jiāng shí wù yǔ tā de tú piàn duì yìng qǐ lái
2 请小伙伴连连看，将实物与它的图片对应起来。

小游戏中的大学问

quán qiú gè dì zhòng zhí le gè zhǒng bù tóng de
全球各地种植了各种不同的

hé běn kē zhí wù zhè xiē zhí wù jiào zuò gǔ lèi zhí
禾本科植物，这些植物叫做谷类植

wù shì wǒ men zuì zhòng yào de liáng shí lái yuán zhī
物，是我们最重要的粮食来源之

yī wǒ men jīng cháng shuō de wǔ gǔ bāo kuò xiǎo
一。我们经常说的"五谷"包括小

mǐ xiǎo mài yù mǐ dào mǐ gāo liang
米、小麦、玉米、稻米、高粱。

聪明的土豆芽

土豆芽真是很聪明！它不仅能够认识路，还能够避开障碍找到自己需要的光源。

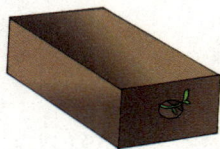

适合年龄 6 岁以上　　**游戏人数** 1 人以上

游戏时间 2 个星期　　**游戏准备** 1 个发了芽的土豆、1 个带盖的鞋盒、硬纸板、1 个装有泥土的塑料小方盒、胶带

游戏开始啦

1. 把土豆放进装满了泥土的塑料小方盒，让土豆芽露在泥土外面。把塑料方盒放在鞋盒的一个角上。

2. 如图所示，用硬纸板和胶带在鞋盒里设置几个"障碍"。

3. 在距土豆芽最远的鞋盒壁上钻一个直径为 3 厘米的洞，盖上盒盖后，将鞋盒放在阳光充足的地方。很多天后，土豆芽穿过"障碍"，钻到了洞外。

小游戏中的大学问

植物的幼芽总是向着光源生长，因为只有在阳光的照射下，植物才能进行光合作用，获得生长发育所必需的养分。

植物的方向感

信不信，植物竟然也有良好的方向感！

适合年龄 6岁以上　　**游戏人数** 1人以上

游戏时间 1个星期以上　　**游戏准备** 2棵栽在花盆中的土豆幼苗、1个喷壶、4块砖头

游戏开始啦

1. 把四块砖头两两重叠，以圆形花盆口部的直径为间距分开放在窗台上。然后将其中一盆土豆倒放在砖头上。

2. 将另一盆土豆侧放在朝阳的窗台上，过一段时间，你会发现倒放的花盆里的幼芽原本朝着地面，后来朝上长。侧放着的花盆里面的幼芽开始与地面水平，后来也朝上长了。

小游戏中的大学问

植物会辨别方向，是因为植物的根总是朝地心方向生长，而植物的枝却总是朝着与地心相反的方向生长。所以，土豆的幼芽会慢慢地长歪，朝着有利于它们吸收阳光和水分的方向生长。

méi yǒu huā pén de pén zāi
没有花盆的盆栽

gēn wǒ zuò yī ge méi yǒu huā pén de pén zāi ba　　jì jiǎn dān yòu piào liang ō
跟我做一个没有花盆的盆栽吧！既简单又漂亮哦！

适合年龄 6岁以上　　　**游戏人数** 1人以上

游戏时间 1个星期以上　　**游戏准备** 1个萝卜、1把水果刀、1块布、
1个盆子、牙签、细线、水

yóu xì kāi shǐ la
游戏开始啦

jiāng bù jìn shī　fàng zài pén zi li　　rán hòu yòng dāo bǎ luó bo héng qiē chéng liǎng bàn　bǎ
❶ 将布浸湿，放在盆子里。然后用刀把萝卜横切成两半，把

shàng miàn yǒu yè zi de nà yī bàn fàng zài pén zi li　　bǎo chí pén li bù de shī rùn
上面有叶子的那一半放在盆子里。保持盆里布的湿润。

guò jǐ tiān　děng luó bo fā yá le　zài luó bo de qiē miàn wā yī ge dòng chā yī gēn yá qiān
❷ 过几天，等萝卜发芽了，在萝卜的切面挖一个洞，插一根牙签，

zài yòng xiàn shuān zhù yá qiān　luó bo pén zāi jiù zuò hǎo le
再用线栓住牙签，萝卜盆栽就做好了。

jiāng luó bo dào guà zài yáng guāng chōng zú de chuāng qián　jīng cháng wǎng wā kōng
❸ 将萝卜倒挂在阳光充足的窗前，经常往挖空

de dòng zhōng zhù shuǐ　luó bǔ yá màn màn de jiù zhǎng qǐ lái le
的洞中注水，萝卜芽慢慢地就长起来了。

小游戏中的 大学问

dào guà de luó bo qí shí jiù shì yī ge huā pén　tā tí gōng le luó bo dǐng duān fā yá jí yè zi
倒挂的萝卜其实就是一个花盆，它提供了萝卜顶端发芽及叶子

shēng zhǎng suǒ xū de yíng yǎng hé shuǐ fèn　yòu yóu yú zhí wù de dǐng duān yōu shì hé xiàng yáng xìng　luó
生长所需的营养和水分。又由于植物的顶端优势和向阳性，萝

bo yè zi cháo shàng zhǎng　zhè yàng　jiù xíng chéng le yī pén piào liang de　wú pén pén zāi
卜叶子朝上长，这样，就形成了一盆漂亮的"无盆盆栽"。

pá gāo de qiān niú huā
爬高的牵牛花

xià tiān shí　cháng cháng kě yǐ kàn jiàn pá de hěn gāo de qiān niú huā　kě shì
夏天时，常常可以看见爬得很高的牵牛花，可是，

qiān niú huā méi yǒu　jiǎo　　tā zěn me néng pá nà me gāo ne
牵牛花没有"脚"，它怎么能爬那么高呢？

适合年龄 6岁以上　　　**游戏人数** 1人以上

游戏时间 1个星期以上　　**游戏准备** 几粒牵牛花种子、2只花盆、1根细长的木棍

yóu xì kāi shǐ la
游戏开始啦

zài liǎng zhī huā pén li fēn bié zhòng shàng jǐ lì qiān niú huā zhǒng zi　qín jiāo shuǐ
❶ 在两只花盆里分别种上几粒牵牛花种子，勤浇水。

děng yòu miáo zhǎng dào　lí mǐ shí　zài qí zhōng yī zhī huā pén li chā shàng xiǎo mù gùn
❷ 等幼苗长到5厘米时，在其中一只花盆里插上小木棍。

guò jǐ tiān　chā yǒu xiǎo mù gùn de qiān niú huā yán zhe xiǎo mù gùn chán rào zhe shēng zhǎng　ér
❸ 过几天，插有小木棍的牵牛花沿着小木棍缠绕着生长，而

méi yǒu xiǎo mù gùn de qiān niú huā zé jǐ zhū hù xiāng chán rào zhe shēng zhǎng
没有小木棍的牵牛花则几株互相缠绕着生长。

小游戏中的大学问

téng běn zhí wù tōng guò jīng běn shēn de chán rào　juǎn xū　xī pán　qì shēng gēn děng gè zhǒng fāng shì
藤本植物通过茎本身的缠绕、卷须、吸盘、气生根等各种方式

xiàng shàng shēng zhǎng　qiān niú huā shǔ yú diǎn xíng de téng běn zhí wù　suǒ yǐ　tā de jīng yào me chán rào
向上生长。牵牛花属于典型的藤本植物，所以，它的茎要么缠绕

zài yī qǐ shēng zhǎng　yào me pān pá zhe bié de dōng xi xiàng shàng shēng zhǎng
在一起生长，要么攀爬着别的东西向上生长。

"流汗"的树叶

告诉你一个"惊人"的发现，树叶竟然也会"流汗"！

适合年龄 6岁以上　**游戏人数** 1人以上

游戏时间 1小时以上　**游戏准备** 1根树枝、橡皮泥、2个透明空玻璃瓶、1个钉子、纸巾

游戏开始啦

❶ 把橡皮泥捏成瓶塞形状，大小与瓶口相配。

❷ 往其中一个玻璃瓶加水，用橡皮泥瓶塞塞住瓶口，然后用钉子在橡皮泥瓶塞上戳一个洞。

❸ 把树枝插进"瓶塞"上的洞里，让枝条下面的茎泡在水中。再把另一个瓶子倒扣在第一个玻璃瓶上，罩住上面的枝叶。1小时后，可以看到倒扣着的玻璃瓶里出现了小水珠。

小游戏中的大学问

植物的叶子每天都在进行蒸腾作用，向外散发一部分水分。当我们用玻璃瓶罩住植物叶片时，从叶片里散发出来的水分一遇到温度较低的瓶壁就会发生液化，从而在瓶壁上凝结成小水珠。

长满条纹的叶片

zhǎng mǎn tiáo wén de yè piàn

叶片上也可以长出明显的条
yè piàn shang yě kě yǐ zhǎng chū míng xiǎn de tiáo

纹来！别不信，这可是真的。
wén lái bié bù xìn zhè kě shì zhēn de

适合年龄 6岁以上　　**游戏人数** 1人以上

游戏时间 3天以上　　**游戏准备** 1种叶片较大的室内观赏植物、橡皮膏

游戏开始啦
yóu xì kāi shǐ la

① 在植物的每一片叶子上粘一小条橡皮膏。
zài zhí wù de měi yī piàn yè zi shang zhān yī xiǎo tiáo xiàng pí gāo

② 几天后，撕掉叶片上的橡皮膏。可以发现叶子上粘过橡
jǐ tiān hòu sī diào yè piàn shang de xiàng pí gāo kě yǐ fā xiàn yè zi shang zhān guò xiàng

皮膏的地方变成了浅绿色，与没贴过橡皮膏的地方颜色对
pí gāo de dì fang biàn chéng le qiǎn lǜ sè yǔ méi tiē guò xiàng pí gāo de dì fang yán sè duì

比强烈。所以，植物的叶子看起来就像是长满了条纹。
bǐ qiáng liè suǒ yǐ zhí wù de yè zi kàn qǐ lái jiù xiàng shì zhǎng mǎn le tiáo wén

小游戏中的大学问

植物叶子上被粘橡皮膏或者胶带的那一小块地方因为没有阳
zhí wù yè zi shang bèi zhān xiàng pí gāo huò zhě jiāo dài de nà yī xiǎo kuài dì fang yīn wèi méi yǒu yáng

光的照射，不能进行光合作用，没有形成叶绿素，所以颜色慢慢变
guāng de zhào shè bù néng jìn xíng guāng hé zuò yòng méi yǒu xíng chéng yè lǜ sù suǒ yǐ yán sè màn man biàn

成了浅绿色，与别处颜色不同，所以形成了明显的条纹。
chéng le qiǎn lǜ sè yǔ bié chù yán sè bù tóng suǒ yǐ xíng chéng le míng xiǎn de tiáo wén

叶子冒泡泡

小树叶好"顽皮"呀，它一进到水里就吹起泡泡"玩"起来。

适合年龄 6岁以上　　**游戏人数** 1人以上

游戏时间 40分钟以上　　**游戏准备** 1片树叶、1个玻璃瓶、1个放大镜

游戏开始啦

1. 把树叶放入玻璃瓶，然后往里面倒水，直到水淹没了树叶为止。

2. 把瓶子放在阳光可以照射到的窗台上。

3. 几十分钟以后，用放大镜看看瓶中的叶子，可以发现叶子上和瓶子里出现无数的小气泡。

小游戏中的大学问

植物用水、空气、阳光制造食物的过程叫光合作用。光合作用中，植物吸收二氧化碳，呼出氧气。树叶在水里呼出的氧气由于不能释放到空气中，只好附在叶子或瓶壁上，就成了我们看到的小气泡。

luò yè de mì mì
落叶的秘密

qiū tiān　　　 yǒu xiē shù wèi shén me yào luò yè ne　　shì bù shì shù yè kū huáng
秋天，有些树为什么要落叶呢？是不是树叶枯黄

le jiù yào luò xià lái ne
了就要落下来呢？

适合年龄 6岁以上　　**游戏人数** 1人以上

游戏时间（夏天）两星期　**游戏准备** 1根小树枝、1个花瓶

yóu xì kāi shǐ la
游戏开始啦

jiāng shù zhī chā rù huā píng　　rán hòu bǎ tā men fàng zài bù shòu gān rǎo de dì fang
❶ 将树枝插入花瓶，然后把它们放在不受干扰的地方。

liǎng xīng qī yǐ hòu　　　lù sè de shù yè huì gān kū ér qiě biàn chéng hè sè　　dàn bù huì cóng
❷ 两星期以后，绿色的树叶会干枯而且变成褐色，但不会从

shù zhī shang luò xià
树枝上落下。

小游戏中的 大学问

yè zi tōng guò yè bǐng lí céng xì bāo gù dìng zài jīng shang　　qiū tiān　　luò yè shù de lí céng xì bāo
叶子通过叶柄离层细胞固定在茎上。秋天，落叶树的离层细胞

chǎn shēng de　yī zhǒng huà xué wù zhì huì bǎ　lí céng de　xì bāo bì xiāo huà diào　zhè yàng　yè zi jiù zhǐ néng
产生的一种化学物质会把离层的细胞壁消化掉，这样，叶子就只能

kào yùn shū guǎn lián zài jīng shang　yè zi de zhòng liàng jiā shàng fēng de bāng máng　yùn shū guǎn hěn kuài jiù huì
靠运输管连在茎上。叶子的重量加上风的帮忙，运输管很快就会

duàn liè　　yè zi yīn ér luò xià　yóu xì zhōng　shù yè méi yǒu chǎn shēng néng xiāo huà diào lí céng xì bāo bì
断裂，叶子因而落下。游戏中，树叶没有产生能消化掉离层细胞壁

de huà xué wù zhì　　yě méi yǒu fēng chuī yǔ dǎ　　yīn cǐ gān kū yǐ hòu réng bù huì luò xià
的化学物质，也没有风吹雨打，因此干枯以后仍不会落下。

树叶拓印

shù yè tà yìn

不要小瞧小小的树叶，一片树叶隐藏了许多学问哦！

bù yào xiǎo qiáo xiǎo xiǎo de shù yè　yī piàn shù yè yǐn cáng le xǔ duō xué wen ō

适合年龄 6岁以上　　**游戏人数** 1人以上

游戏时间 30分钟以上　　**游戏准备** 一些树叶、蜡笔、纸

游戏开始啦

yóu xì kāi shǐ la

❶ 挑选几片比较大的叶子，让叶子粗糙的一面朝上。

tiāo xuǎn jǐ piàn bǐ jiào dà de yè zi　ràng yè zi cū cāo de yī miàn cháo shàng

❷ 用一张纸盖住叶片，然后拿着蜡笔在纸上均匀涂色。这样，你就能将树叶的叶脉拓印下来了。

yòng yī zhāng zhǐ gài zhù yè piàn　rán hòu ná zhe là bǐ zài zhǐ shang jūn yún tú sè　zhè yàng
nǐ jiù néng jiāng shù yè de yè mài tà yìn xià lái le

小游戏中的**大**学问

树叶上分布着许多粗细不等的脉络，我们叫它叶脉。叶脉主要分为两种，一种脉络交织成网状，叫网状脉；一种大致平行分布，叫做平行脉。

shù yè shang fēn bù zhe xǔ duō cū xì bù
děng de mài luò　wǒ men jiào tā yè mài　yè mài
zhǔ yào fēn wéi liǎng zhǒng　yī zhǒng mài luò jiāo zhī
chéng wǎng zhuàng　jiào wǎng zhuàng mài　yī zhǒng dà
zhì píng xíng fēn bù　jiào zuò píng xíng mài

shù yè huà jiā
树叶画家

qiū tiān de shí hou　shōu jí yī xiē shù yè ba　rán hòu yòng tā men zuò yī xiē
秋天的时候，收集一些树叶吧，然后用它们做一些

piào liang de shù yè tú huà
漂亮的树叶图画！

适合年龄 6岁以上　　**游戏人数** 2人以上

游戏时间 25分钟以上　　**游戏准备** 一些彩色硬纸、一些树叶、透明胶布

yóu xì kāi shǐ la
游戏开始啦

jiāng shōu jí de shù yè àn zhào xíng zhuàng hé yán sè fēn lèi
① 将收集的树叶按照形状和颜色分类。

bǎ gè zhǒng shù yè zǔ hé chéng měi lì de tú àn huò xíng zhuàng bìng yòng jiāo bù gù dìng
② 把各种树叶组合成美丽的图案或形状，并用胶布固定。

hé xiǎo huǒ bàn bǐ sài　kàn kan shuí tiē de shù yè huà gèng piào liang
③ 和小伙伴比赛，看看谁贴的树叶画更漂亮。

小游戏中的 大学问

zhí wù de yè zi yǒu xǔ duō zhǒng xíng zhuàng
植物的叶子有许多种形状，

cháng jiàn de yǒu qiān niú huā yè zi　　xīn xíng　qì
常见的有:牵牛花叶子——心形;槭

shù yè　　zhǎng xíng　　sōng shù yè　　zhēn xíng
树叶——掌形; 松树叶——针形;

yín xìng yè　　shàn xíng　píng guǒ yè　　luǎn
银杏叶——扇形;苹果叶——卵

xíng　hé yè　　yuán xíng
形;荷叶——圆形。

chí kāi de qiān niú huā
迟开的牵牛花

qiān niú huā zuì qín láo le　　měi cì tiān hái méi liàng jiù chuī qǐ le xiǎo lǎ ba
牵牛花最勤劳了，每次天还没亮就吹起了小喇叭。

néng bù néng xiǎng yī ge bàn fǎ　　ràng tā chí yī diǎn kāi huā ne
能不能想一个办法，让它迟一点开花呢？

适合年龄 6岁以上　　**游戏人数** 1人以上

游戏时间 1天　　**游戏准备** 1株带有花骨朵的牵牛花、1个黑纸袋、1根细绳子

yóu xì kāi shǐ la
游戏开始啦

① dì yī tiān wǎn shang de shí hou　jiāng yī duǒ hán bāo yù fàng de qiān niú huā yòng bù tòu guāng de
第一天晚上的时候，将一朵含苞欲放的牵牛花用不透光的

hēi zhǐ dài tào hǎo　bìng yòng shéng zi qīng qīng de bǎng zhù dài kǒu　bù ràng guāng xiàn jìn qù
黑纸袋套好，并用绳子轻轻地绑住袋口，不让光线进去。

② dì èr tiān zǎo shang liù diǎn zhōng　jiāng hēi zhǐ dài jiē qù　yī huìr　nǐ jiù kě yǐ kàn
第二天早上六点钟，将黑纸袋揭去，一会儿，你就可以看

dào qiān niú huā yóu hán bāo dào nù fàng de qíng jǐng
到牵牛花由含苞到怒放的情景。

小游戏中的 **大**学问

qiān niú huā de kāi huā shí jiān dà yuē shì líng chén sān sì diǎn　yòng
牵牛花的开花时间大约是凌晨三四点，用

bù tòu guāng zhǐ dài jiāng qiān niú huā tào zhù　jiù rǎo luàn le qiān niú huā
不透光纸袋将牵牛花套住，就扰乱了牵牛花

zhèng cháng de shēng wù shí zhōng　yán wù le tā zhèng cháng de kāi huā shí
正常的生物时钟，延误了它正常的开花时

jiān　bǎ hēi zhǐ dài jiē qù hòu　qiān niú huā jiù lì jí kāi fàng le
间，把黑纸袋揭去后，牵牛花就立即开放了。

闻闻花的香气吧

花儿为什么有香气呢？我们一起去探究一下它的"秘密"吧！

适合年龄 6岁以上　**游戏人数** 1人以上

游戏时间 1个星期　**游戏准备** 1个有盖的玻璃瓶、玫瑰花瓣、酒精

游戏开始啦

1. 把玫瑰花放在玻璃瓶里，然后往里面倒少量酒精。

2. 盖紧盖子，将玻璃瓶放在能照射到太阳的地方。

3. 一星期后，打开盖子，将瓶里的液体轻轻涂抹在手腕上，你会闻到一股玫瑰花的香味。

小游戏中的大学问

玫瑰花瓣中含有一种油细胞，能分泌出芳香油。将花瓣泡在酒精里，酒精会将芳香油分离出来。当你把溶有芳香油的酒精涂抹到手腕上后，酒精一挥发，含有香味的油就留在你的手腕上了。

色彩缤纷的花

春天，许多花儿开放了，五彩缤纷，非常美丽。你知道花儿为什么会呈现出不同的颜色吗？

适合年龄 8 岁以上　　**游戏人数** 1 人以上

游戏时间 30 分钟以上　　**游戏准备** 几朵玫瑰花、1 瓶酒精、1 把勺子、水、柠檬汁、肥皂水、几个杯子、1 个滴管

游戏开始啦

1. 将玫瑰花放进杯子里，加入酒精，用勺子将它磨碎。

2. 往得到的液体里加少量水，然后将溶液分开装在两个杯子里。

3. 用滴管在两杯溶液里分别滴加柠檬汁和肥皂水，一会儿，溶液呈现出不同的颜色。

小游戏中的大学问

鲜花花瓣中含有花青素，花青素随着酸碱度的不同呈现出深红、粉红、紫、绿等不同的颜色，所以自然界中的花五颜六色。

dī xuè de huā
滴血的花

huā yě huì liú xuè　　zhè kě shì qiān zhēn wàn què de　xiǎng zhī dào wèi shén
花也会"流血"，这可是千真万确的。想知道为什

me　kě yǐ shì zhe zuò yī zuo ō
么，可以试着做一做哦！

适合年龄 6岁以上　　**游戏人数** 1人以上

游戏时间 1天以上　　**游戏准备** 几枝白色的鲜花、1瓶红墨水、1把小刀

jiāng xiān huā chā rù hóng mò shuǐ zhōng　yuē liǎng tiān shí jiān　　zhí dào huā duǒ biàn sè　huā jīng
① 将鲜花插入红墨水中，约两天时间，直到花朵变色，花茎

bù zài dī shuǐ wéi zhǐ
不再滴水为止。

jiāng huā cóng hóng mò shuǐ zhōng qǔ chū lái　yòng xiǎo dāo qiē qù yī xiǎo jié huā jīng　　yī huìr
② 将花从红墨水中取出来，用小刀切去一小截花茎。一会

qiē kǒu shang dī xià le diǎn dian de　xiān xuè
儿，切口上滴下了点点的"鲜血"。

小游戏中的 大学问

gè zhǒng zhí wù tōng guò gēn hé jīng nèi jí xì de máo xì guǎn xī shōu shuǐ fèn　rán hòu yòu jiāng zhè
各种植物通过根和茎内极细的毛细管吸收水分，然后又将这

xiē shuǐ fèn shū sòng dào qí tā qì guān　bǎ bái sè de huā duǒ chā zài hóng mò shuǐ zhōng　liǎng tiān hòu
些水分输送到其他器官。把白色的花朵插在红墨水中，两天后，

huā jīng chōng fèn xī shōu le hóng mò shuǐ　suǒ yǐ　dāng qiē kāi huā jīng shí　jīng nèi rú tóng xuè yè bān de
花茎充分吸收了红墨水，所以，当切开花茎时，茎内如同血液般的

hóng mò shuǐ biàn dī luò le xià lái
红墨水便滴落了下来。

神奇的花
shén qí de huā

bǎ liǎng zhī bái sè de huā fēn bié yǎng zài dài yán sè de shuǐ li   cāi cai kàn
把两枝白色的花分别养在带颜色的水里。猜猜看，

tā men hòu lái huì fā shēng shén me yàng de biàn huà ne
它们后来会发生什么样的变化呢？

适合年龄 6岁以上　　**游戏人数** 1人以上

游戏时间 1天以上　　**游戏准备** 2枝白色的鲜花、3杯水、
红、绿、蓝3种颜料

游戏开始啦
yóu xì kāi shǐ la

wǎng sān bēi shuǐ li fēn bié jiā rù bù tóng yán sè de yán liào
❶ 往三杯水里分别加入不同颜色的颜料。

jiāng qí zhōng yī zhī huā de huā jīng jiǎn kāi yī zhí dào huā tóu xià
❷ 将其中一枝花的花茎剪开一直到花头下。

bǎ huā duǒ jiǎn kāi de huā jīng fēn bié chā rù zhuāng yǒu hóng   lán yán liào de bēi zi li   bǎ
❸ 把花朵剪开的花茎分别插入装有红、蓝颜料的杯子里，把

huā jīng wán zhěng de chā zài lǜ sè bēi zi li   guò liǎng tiān huā jīng wán zhěng de nà zhī huā de
花茎完整的插在绿色杯子里。过两天花茎完整的那枝花的

huā bàn biàn chéng le lǜ sè   ér huā jīng bèi jiǎn kāi de nà zhī huā de huā
花瓣变成了绿色，而花茎被剪开的那枝花的花

bàn biàn chéng le yī bàn hóng   yī bàn lán
瓣变成了一半红，一半蓝。

小游戏中的大学问

huā tōng guò huā jīng xī shōu shuǐ   dài yǒu yán liào de shuǐ tōng guò huā
花通过花茎吸收水，带有颜料的水通过花

jīng xiàng shàng shū sòng dào huā bàn shang   huā bàn yīn cǐ huì gǎi biàn yán sè
茎向上输送到花瓣上，花瓣因此会改变颜色。

105

常绿西红柿
cháng lù xī hóng shì

想办法阻止一个西红柿成熟，和种西红柿的人开个玩笑吧！

- **适合年龄** 6岁以上
- **游戏人数** 1人以上
- **游戏时间** 1个星期以上
- **游戏准备** 1株西红柿、1碗热水

游戏开始啦

❶ 在一株西红柿上找一个未成熟的绿色西红柿。

❷ 拿一碗热水，把挑选好的西红柿放在水中浸泡三四分钟。

❸ 仔细观察一个星期，可以发现：等这株西红柿上其他果实

全红的时候，这个被浸泡过的西红柿仍然

是绿色的。

小游戏中的 大学问

西红柿快成熟的时候，会释放出乙烯气体，用来催熟自己。用热水浸泡西红柿，会损坏可以产生乙烯气的酵素，这就阻止了西红柿的成熟，所以西红柿能保持未成熟的绿色。

dàn ké shēng gēn
蛋壳生根

zhí wù de gēn kàn qǐ lái hěn róu ruò　dàn shí jì shang　tā de wēi lì kě
植物的根看起来很柔弱，但实际上，它的威力可

dà le
大了！

适合年龄 6岁以上　　**游戏人数** 1人以上

游戏时间 1个星期以上　　**游戏准备** 几颗种子、1个小碟子、
1个蛋壳、一个高脚杯

yóu xì kāi shǐ la
游戏开始啦

jiāng zhǒng zi fàng zài chéng mǎn shuǐ de xiǎo dié zi li　ràng zhǒng zi jìn pào yī yè
❶ 将种子放在盛满水的小碟子里，让种子浸泡一夜。

zài dàn ké zhōng jiā rù shì liàng de tǔ rǎng　rán hòu bǎ jìn pào hòu de zhǒng zi mái jìn tǔ li
❷ 在蛋壳中加入适量的土壤，然后把浸泡后的种子埋进土里。

bǎ dàn ké fàng zài gāo jiǎo bēi li　rán hòu fàng zài yī ge yáng guāng chōng zú de chuāng tái shang
❸ 把蛋壳放在高脚杯里，然后放在一个阳光充足的窗台上，

jì zhe měi tiān jiāo shuǐ
记着每天浇水。

guò yī ge xīng qī　qǔ chū dàn ké　kě yǐ kàn jiàn dàn ké dǐ bù zuān chū xǔ duō gēn lái
❹ 过一个星期，取出蛋壳，可以看见蛋壳底部钻出许多根来。

小游戏中的大学问

zhǐ yào yǒu hé shì de shēng zhǎng tiáo jiàn　zhí wù de zhǒng zi jiù huì zhǎng chū pēi yá hé pēi gēn
只要有合适的生长条件，植物的种子就会长出胚芽和胚根。

pēi gēn zài tǔ rǎng zhōng gù dìng xià lái　bìng qiě cóng tǔ rǎng zhōng xī shōu shuǐ fèn hé yíng yǎng yán　jiù huì
胚根在土壤中固定下来，并且从土壤中吸收水分和营养盐，就会

yuè zhǎng yuè cháng　zuì zhōng cóng dàn ké zhōng zuān chū lái
越长越长，最终从蛋壳中钻出来。

"四海为家"的种子

种子从小"四海为家"，路旁、湖边、石缝里、屋瓦上甚至连你的袜子，都有可能成为种子的家。

适合年龄 6岁以上　**游戏人数** 1人以上

游戏时间 (秋天)4天以上　**游戏准备** 一个盆、水、高至膝盖的厚棉袜

游戏开始啦

1. 穿上长裤和厚棉袜，把袜子套在裤腿外面。

2. 慢慢地走过一片茂密的草丛。

3. 回家以后，把袜子脱下来放在一个装有清水的盆里。等袜子浸透水以后，把盆与袜子一起移到有阳光照射的地方。

五六天后，可以看到袜子上有幼芽长出来。

小游戏中的大学问

草丛中有很多草类的种子，这些种子表面长有绒毛或钩子，可以轻易地附着在别的物体上。当你走过草丛时，它们就会粘在你的袜子上。袜子经水浸湿以后，放在阳光下，种子就可以发芽。

chǔn chǔn yù dòng de xiǎo chóng
"蠢蠢欲动"的小虫

zhǎo ge shí jiān hǎo hǎo guān chá yī xià kě ài de xiǎo chóng zi ba
找个时间，好好观察一下可爱的小虫子吧！

适合年龄 6岁以上　　**游戏人数** 1人以上

游戏时间 15分钟以上　　**游戏准备** 2根长约45厘米的树枝、1把小刀

yóu xì kāi shǐ la
游戏开始啦

jiāng yī gēn shù zhī xiāo jiān　　zài lìng wài yī gēn shù zhī shang měi gé　lí mǐ de dì fang kè
1 将一根树枝削尖，在另外一根树枝上每隔5厘米的地方刻

yī xiē　　xíng cáo kǒu
一些"V"形槽口。

bǎ xiāo jiān de shù zhī chā rù cháo shī de cǎo píng　rán hòu yòng kè yǒu　xíng cáo kǒu de shù
2 把削尖的树枝插入潮湿的草坪，然后用刻有"V"形槽口的树

zhī zài tā shàng miàn lái huí lā dòng　guò wǔ liù fēn zhōng　kě
枝在它上面来回拉动，过五六分钟，可

yǐ kàn jiàn hěn duō rú chóng fēn fēn zuān chū dì miàn
以看见很多蠕虫纷纷钻出地面。

小游戏中的大学问

rú chóng méi yǒu ěr duo　　zhǐ néng kào gǎn jué lái gǎn shòu zhōu wéi de huán jìng　dāng tā men gǎn shòu
蠕虫没有耳朵，只能靠感觉来感受周围的环境，当它们感受

dào zhèn dòng de shí hou　zhè duì tā men lái shuō jiù yì wèi zhe wēi xiǎn　bǎ shù zhī chā rù dì xià　rán
到震动的时候，这对它们来说就意味着危险。把树枝插入地下，然

hòu yòng lìng yī gēn shù zhī zài tā shàng miàn lái huí lā dòng　zào chéng yǒu guī lǜ de zhèn dòng　jié guǒ jiù
后用另一根树枝在它上面来回拉动，造成有规律的震动，结果就

jiāng rú chóng yǐn dào dì miàn shàng lái le
将蠕虫引到地面上来了。

dǎn xiǎo de mǎ yǐ
胆小的蚂蚁

rén men cháng shuō　dǎn xiǎo rú shǔ　　shí jì shang mǎ yǐ de dǎn zi bǐ lǎo
人们常说"胆小如鼠"，实际上，蚂蚁的胆子比老

shǔ xiǎo duō le　　bù xìn　　nǐ qù shì yī shì
鼠小多了。不信，你去试一试！

适合年龄 6 岁以上　　**游戏人数** 1 人以上

游戏时间 5 分钟以上　　**游戏准备** 1 群蚂蚁

yóu xì kāi shǐ la
游戏开始啦

zài mǎ yǐ dòng páng biān zhǎo yī zhī mǎ yǐ　　rán hòu duì zhe nà zhī mǎ yǐ qīng qīng de hū qì
1 在蚂蚁洞旁边找一只蚂蚁，然后对着那只蚂蚁轻轻地呼气。

nài xīn guān chá　　yī huìr　　　kě yǐ kàn dào yī qún mǎ yǐ jīng kǒng bù ān　　sì chù luàn pǎo
2 耐心观察，一会儿，可以看到一群蚂蚁惊恐不安，四处乱跑。

guò liǎng fēn zhōng　tíng zhǐ duì zhe mǎ yǐ hū qì　　mǎ yǐ jiù
3 过两分钟，停止对着蚂蚁呼气，蚂蚁就

huì xùn sù huī fù zhèng cháng huó dòng
会迅速恢复正常活动。

小游戏中的 **大**学问

mǎ yǐ chù jiǎo shang de gǎn shòu qì gǎn shòu dào rén hū xī shí pái chū de èr yǎng huà tàn hòu　　jiù bǎ
蚂蚁触角上的感受器感受到人呼吸时排出的二氧化碳后，就把

tā shì wéi yī zhǒng wēi xié　　bìng yǐ yī zhǒng tè yǒu de fāng shì xiàng zhōu wéi de mǎ yǐ fā chū jǐng gào xìn
它视为一种威胁，并以一种特有的方式向周围的蚂蚁发出警告信

hào　qí tā mǎ yǐ zhī dào zhè ge xìn hào hòu　　jiù jīng kǒng bù ān　　sì chù luàn pǎo
号，其他蚂蚁知道这个信号后，就惊恐不安，四处乱跑。

qiū yǐn de mì mì
蚯蚓的秘密

qiū yǐn méi yǒu jiǎo　　wèi shén me néng gòu pá xíng qián jìn ne　　tā jiū jìng cáng
蚯蚓没有脚，为什么能够爬行前进呢？它究竟藏

le shén me mì mì wǔ qì ne
了什么秘密武器呢？

适合年龄 6 岁以上　　**游戏人数** 1 人以上

游戏时间 25 分钟以上　　**游戏准备** 1 个放大镜、1 条蚯蚓、1 张白纸

yóu xì kāi shǐ la
游戏开始啦

jiāng qiū yǐn fàng zài bái zhǐ shang
❶ 将蚯蚓放在白纸上。

yòng fàng dà jìng zǐ xì guān chá qiū yǐn de shēn tǐ kě yǐ
❷ 用放大镜仔细观察蚯蚓的身体，可以

kàn jiàn qiū yǐn de shēn tǐ biǎo miàn yǒu xǔ duō máo
看见蚯蚓的身体表面有许多毛。

小游戏中的 **大** 学问

qiū yǐn tǐ biǎo de máo jiào zuò gāng máo　　qiū yǐn pá xíng　　shì yī kào huán jī hé zòng jī de jiāo tì
蚯蚓体表的毛叫做刚毛。蚯蚓爬行，是依靠环肌和纵肌的交替

shēn suō yǐ jí tǐ biǎo gāng máo de pèi hé xíng dòng lái wán chéng de　　qiū yǐn qián jìn shí　　xiān jiāng shēn
伸缩以及体表刚毛的配合行动来完成的。蚯蚓前进时，先将身

tǐ hòu bù de gāng máo dìng rù tǔ li　　zhè shí huán jī shōu suō　　zòng jī shū zhāng shēn tǐ xiàng qián shēn
体后部的刚毛钉入土里，这时环肌收缩，纵肌舒张，身体向前伸

cháng　　jiē zhe shēn tǐ qián bù de gāng máo dìng rù tǔ li　　zhè shí　　zòng jī shōu suō　　huán jī shū zhāng hòu
长；接着身体前部的刚毛钉入土里，这时，纵肌收缩，环肌舒张，后

bù shēn tǐ xiàng qián suō duǎn　　xiàng zhè yàng yī shēn yī suō　　qiū yǐn jiù qián jìn le
部身体向前缩短。像这样一伸一缩，蚯蚓就前进了。

zhuī xún hú dié
追寻蝴蝶

měi lì de hú dié zuì xǐ huan tíng liú zài nǎr   ne   wǒ men zhuī xún yī xià
美丽的蝴蝶最喜欢停留在哪儿呢？我们追寻一下

tā de zōng jì ba
它的踪迹吧！

适合年龄 6岁以上　　**游戏人数** 1人以上

游戏时间 40分钟以上　**游戏准备** 纸、铅笔

yóu xì kāi shǐ la
游戏开始啦

① qíng lǎng de tiān qì li   zhǎo yī ge kāi mǎn xiān huā de huā yuán hé yī kuài cǎo píng   fēn bié dài
晴朗的天气里，找一个开满鲜花的花园和一块草坪，分别待

shàng yī duàn shí jiān   jì xià nǐ zài zhè liǎng ge dì fang kàn dào de hú dié de zhǒng lèi hé shù liàng
上一段时间，记下你在这两个地方看到的蝴蝶的种类和数量。

② kàn kan jì lù   kě yǐ fā xiàn kāi mǎn xiān huā de gōng yuán li yǒu hěn duō bù tóng zhǒng lèi de
看看记录，可以发现开满鲜花的公园里有很多不同种类的

hú dié fēi wǔ   ér cǎo píng shang chū xiàn de hú dié què bù duō   zhǒng lèi yě hěn shǎo
蝴蝶飞舞。而草坪上出现的蝴蝶却不多，种类也很少。

小游戏中的大学问

hú dié xǐ huan tíng liú zài zhí wù cóng shēng xiān huā shèng kāi de dì fang   yīn wèi nà lǐ kě yǐ cǎi
蝴蝶喜欢停留在植物丛生、鲜花盛开的地方，因为那里可以采

jí huā mì   yě kě yǐ chǎn luǎn   hú dié zài chéng xíng zhī qián yǒu yī duàn shí jiān shì máo chóng máo chóng xū
集花蜜，也可以产卵（蝴蝶在成形之前有一段时间是毛虫，毛虫需

yào chī zhí wù de yè zi   ér cǎo píng shang jì méi yǒu xiān huā   yě méi yǒu máo chóng ài chī de zhí wù
要吃植物的叶子）。而草坪上既没有鲜花，也没有毛虫爱吃的植物，

bù shì hé hú dié shēng cún suǒ yǐ nàr   de hú dié bǐ jiào shǎo
不适合蝴蝶生存，所以那儿的蝴蝶比较少。

寻找蚱蜢的鼻子

你知道蚱蜢的鼻子在哪里吗？可不要想当然地认为在蚱蜢的头上，那如果不在头上，又在哪儿呢？

适合年龄 6岁以上　　**游戏人数** 1人以上

游戏时间 15分钟以上　　**游戏准备** 1只蚱蜢、1个盆子、水

游戏开始啦

❶ 在盆子里倒上半盆水，把蚱蜢的头浸入水里，几分钟过去了，蚱蜢还跟平常一样。

❷ 将蚱蜢的尾部浸入水中，蚱蜢还是没事。

❸ 把蚱蜢的身体浸入水里，连同腹部也浸到水里，只见蚱蜢的腿乱蹬、翅膀乱抖，嘴里还直吐泡泡。

小游戏中的大学问

鼻子是呼吸器官，鼻子被堵塞了，就会影响呼吸。把蚱蜢的头和尾泡在水里时，蚱蜢没有反应。而把它的腹部泡在水里，蚱蜢嘴里直吐泡泡、腿乱蹬说明鼻子被堵塞了。这证明蚱蜢的鼻子在腹部。

与蜘蛛逗趣

yǔ zhī zhū dòu qù

蜘蛛喜欢在蛛网旁边"守株待兔",等待猎物自动送上门来,我们利用它这个特点,来逗逗它吧!

适合年龄 6岁以上　　**游戏人数** 1人以上

游戏时间 10分钟　　**游戏准备** 1根木头、1个音叉、带有蜘蛛网的蜘蛛

游戏开始啦

❶ 一只手握着音叉,另一只手拿着木头。用音叉去撞击木头。

❷ 让嗡嗡作响的音叉接触蜘蛛网,结果,蜘蛛向着音叉奔过来。

小游戏中的大学问

蜘蛛网是蜘蛛用来捕获飞虫和其他昆虫的陷阱,蛛网编好以后,蜘蛛就会耐心地在一旁等待。一旦有昆虫落网,蜘蛛便通过网上所传递的振动来判定有什么"猎物",所以,当你拿着嗡嗡作响的音叉接触蜘蛛网时,蜘蛛会向你奔过来。

动物数学家

蜜蜂是动物王国里的天才数学家，它能进行数学运算，而且还准确无误！

适合年龄 8岁以上　　**游戏人数** 1人以上

游戏时间 1个星期以上　　**游戏准备** 1个盘子、1杯浓白糖水

游戏开始啦

1. 往盘里倒一些白糖水，然后放在离蜂巢6米远的地方，一会儿，蜜蜂就会发现这盘糖水。

2. 第二天，添满糖水盘，将它挪到比原来远25%的地方。此后每天在前一天的基础上，将糖水盘再移远25%的距离。

3. 一周后，你会发现蜜蜂会在应该放置糖水盘的新位置等候。

小游戏中的大学问

蜜蜂的大脑相当于圆珠笔尖的小珠大小，蜜蜂用它可以对路程的长短、风的阻力及花粉的重量等进行复杂的运算，当然也能计算出从蜂巢到采花处往返一次所需要的时间。

小壁虎的"绝招"

别看小壁虎长得非常丑，但是却有飞檐走壁的绝技。为什么小壁虎能飞檐走壁呢？

适合年龄 6岁以上　　**游戏人数** 1人以上

游戏时间 15分钟以上　　**游戏准备** 1只小壁虎、1个放大镜

游戏开始啦

1 把小壁虎放在书桌上，轻轻抬起它的脚，用放大镜仔细观察，可以看见壁虎的脚趾上长着无数细小的绒毛。

小游戏中的大学问

壁虎脚趾上的绒毛，就像一个个小钩子，这些小钩子，可以很容易地抓住物体表面的突出部分。所以，壁虎能在墙壁上、屋檐下、窗纱上和电线杆上爬行自如、如履平地了。

爱吃沙子的鸡

鸡真有意思，它不仅爱吃米、麦子，还爱吃沙子。

想知道为什么吗？你做做游戏就明白了。

适合年龄 6岁以上　　**游戏人数** 1人以上

游戏时间 30分钟以上　　**游戏准备** 一些葵花子、沙子、1杯水、1个塑料袋

游戏开始啦

1. 把葵花子的仁儿取出来，放进水杯里，浸泡20分钟。

2. 把浸泡好的葵花仁放进装有沙子的塑料袋中。

3. 用手搓塑料袋，使葵花仁和沙子相互摩擦。

一会儿，葵花仁就被沙子磨碎了。

小游戏中的大学问

鸡之所以喜欢吃沙子，是因为鸡没有牙齿，吃进去的食物不经过牙齿磨碎而直接进入体内，很难被消化。小石粒和沙子可以帮助磨碎食物，食物磨碎后就容易被消化和吸收了。

cháng ěr duo de tù zi
长耳朵的兔子

kě bù néng xiǎo kàn tù zi de cháng ěr duo yo　　tā de zuò yòng kě dà le
可不能小看兔子的长耳朵哟！它的作用可大了，

xiǎo tù zi zhī suǒ yǐ nà me jī líng quán kào tā la
小兔子之所以那么机灵全靠它啦！

适合年龄 6岁以上　　**游戏人数** 1人以上

游戏时间 30分钟以上　　**游戏准备** 1只兔子、1根小木棍

yóu xì kāi shǐ la
游戏开始啦

jiāng tù zi fàng rù yī jiān kōng kuàng ér ān jìng de fáng zi li　　rán hòu nǐ duǒ zài yī ge jiǎo
❶ 将兔子放入一间空旷而安静的房子里，然后你躲在一个角

luò guān chá tā
落观察它。

qīng qīng de yòng mù gùn qiāo jǐ xià dì bǎn　　kě yǐ kàn dào tù zi mǎ shàng shù qǐ cháng cháng
❷ 轻轻地用木棍敲几下地板，可以看到兔子马上竖起长长

de ěr duo　　bìng cháo nǐ duǒ cáng de fāng xiàng kàn guò lái
的耳朵，并朝你躲藏的方向看过来。

zài cì bǎ shēng yīn nòng dà yī diǎn　　tù zi huì xùn sù de táo kāi
❸ 再次把声音弄大一点，兔子会迅速地逃开。

小游戏中的 大学问

tù zi de ěr duo fēi cháng líng mǐn　　tā lǐ miàn yǒu xǔ duō xuè guǎn
兔子的耳朵非常灵敏。它里面有许多血管，

dāng ěr duo zhōu wéi de kōng qì liú dòng shí　　xuè guǎn zhōu wéi de wēn dù jiù huì
当耳朵周围的空气流动时，血管周围的温度就会

yǒu suǒ xià jiàng　　zhè yàng tù zi jiù huì mǐn ruì de gǎn jué dào shēng yīn de lái yuán
有所下降，这样兔子就会敏锐地感觉到声音的来源。

小游戏中的大学问

dì sì zhāng
第四章

rén tǐ guāng tòu shì yǎn
人体 X 光透视眼

xiǎo péng yǒu men nǐ yǒu méi yǒu zǐ xì yán jiū guò zì jǐ de shēn tǐ
小朋友们,你有没有仔细"研究"过自己的身体,

bǐ rú shuō shǒu zhǐ shǒu bì shǒu zhǎng la zuǐ ba ěr duo pí fū la děng
比如说 手指、手臂、手 掌啦,嘴巴、耳朵、皮肤啦等

děng bù yào yǐ wéi nǐ fēi cháng liǎo jiě tā hěn duō shí hou wǒ men wán quán
等。不要以为你非 常 了解它。很多时候,我们完全

yǒu kě néng bèi tā qī piàn ō zuǐ ba shì yòng lái pǐn cháng wèi dào de kě
有可能被它"欺骗"哦!嘴巴是用来品尝味道的,可

shì dāng nǐ méng shàng yǎn jing niē zhe bí zi qù cháng mǒu yàng dōng xi de shí
是,当你蒙 上 眼睛、捏着鼻子去尝 某样 东西的时

hou nǐ què wán quán cháng bù chū lái tā dào dǐ shì shén
候,你却完全 尝不出来它到底是什

me xiǎng zhī dào zhè shì zěn me huí shì ma
么,想知道这是怎么回事吗?

xiàn zài jiù duì nǐ de shēn tǐ zuò yī cì guāng
现在就对你的身体做一次 X 光

tòu shì ba
透视吧!

你的手臂缩短了吗

我们经常做伸展运动将手臂伸长，现在我们做一下相反的运动吧，将你的手臂无痛"缩短"。

适合年龄 6岁以上　　**游戏人数** 1人以上

游戏时间 20分钟以上　　**游戏准备** 1面墙

游戏开始啦

❶ 面对墙壁站立，调整自己与墙之间的距离，使伸直的手指尖刚好碰到墙面。

❷ 保持手臂伸直的状态，向下摆动手臂至身体后方，然后再恢复到原先的位置。结果，你的手指尖碰不到墙壁了。

小游戏中的大学问

其实不是手臂缩短了，而是当你将手臂摆到身体后方时，你不自觉地向后倾斜了。当你再次向前摆回手臂时，你手臂所在的位置不可能与原先的位置完全重合（也就是说，你的身体无法恢复到与原来一模一样的位置）。所以，你的手指碰不到墙壁了。

抬不高的手
tái bù gāo de shǒu

nǐ kě yǐ yòng zhè ge xiǎo yóu xì gēn rén bǐ lì qi   jí shǐ tā de lì qi
你可以用这个小游戏跟人比力气，即使他的力气

bǐ nǐ dà   yě bù yī dìng yíng de liǎo nǐ ō
比你大，也不一定赢得了你哦！

适合年龄 6岁以上   游戏人数 2人以上

游戏时间 15分钟以上   游戏准备 先活动一下手关节

游戏开始啦
yóu xì kāi shǐ la

zuò zài dì bǎn shang shuāng shǒu shǒu zhǐ jǐn liàng zhāng kāi   shǒu zhǎng fàng zài nǎo hòu
❶ 坐在地板上，双手手指尽量张开，手掌放在脑后。

ràng xiǎo huǒ bàn zhuā zhù nǐ de shǒu zhǒu   cháo tóu dǐng shàng fāng lā nǐ de shǒu   jié guǒ bù
❷ 让小伙伴抓住你的手肘，朝头顶上方拉你的手。结果，不

lùn tā rú hé yòng lì cháo zhèng shàng fāng lā   réng rán tái bù gāo nǐ de shǒu
论他如何用力朝正上方拉，仍然抬不高你的手。

小游戏中的大学问

nǐ de shǒu bì chéng   zì xíng zài jiān bǎng yǔ tóu zhǐ jiān gù dìng chéng
你的手臂成"V"字形，在肩膀与头之间固定成

gàng gǎn zài lì de zuò yòng xià néng rào zhe gù dìng diǎn zhuàn dòng de gān zhuàng
杠杆（在力的作用下能绕着固定点转动的杆）状

tài   dāng xiǎo huǒ bàn zhuā zhù nǐ de shǒu zhǒu cháo shàng lā de shí hou   tā
态。当小伙伴抓住你的手肘朝上拉的时候，他

de lì liàng yòng zài le shǒu zhǒu zhǐ jiān bǎng de bù fen   ér bù shì jiā zài
的力量用在了手肘至肩膀的部分，而不是加在

shǒu zhǒu zhǐ shǒu wàn de bù fen   suǒ yǐ   tā wú fǎ jiāng nǐ de shǒu tái gāo
手肘至手腕的部分，所以，他无法将你的手抬高。

自动抬高的手
zì dòng tái gāo de shǒu

zěn me huí shì nǐ de shǒu bì huì zì dòng tái gāo
怎么回事，你的手臂会自动抬高！

适合年龄 6岁以上　游戏人数 1人以上

游戏时间 5分钟左右　游戏准备 1个门框

游戏开始啦
yóu xì kāi shǐ la

① 站在门口，用手臂抵住门框，用
力压住门框一分钟左右。

② 离开门口，放松手臂。几秒钟
之内，手臂会自动抬起。

小游戏中的大学问

手臂肌肉收缩时，神经系统会使手臂抬起。当你将手用力压在门框上时，门框使你的手臂无法移动。当你停止压门框之后，放松双臂，你的手臂肌肉依然处于收缩状态，所以它会自动抬起。当然，如果你有意识地控制你的手臂，就不会有这种效果了。

灵巧的手指

做一个轻松的小游戏，看一看你的手指是多么的灵巧！

- **适合年龄** 6岁以上
- **游戏人数** 1人以上
- **游戏时间** 20分钟以上
- **游戏准备** 有你的双手就够了

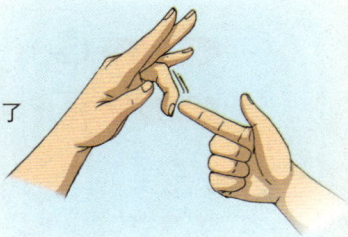

游戏开始啦

1. 任意伸出一只手，先将手握成拳头，然后再展开。在其他手指伸直的同时，将无名指自然弯曲。

2. 用另一只手的手指轻轻弹击无名指弯曲的指尖。你可以发现弯曲的手指没有绷紧，可以自由地震动。

小游戏中的大学问

人的身体中，肌肉是附着在骨骼上的，连接肌肉与肌肉的组织叫做肌腱，骨骼之间起连接作用的组织叫做韧带。当你弯曲无名指后，连接无名指的肌腱和韧带会使手指处于放松的状态，当有外力作用时，它就会震动。这种现象也可以发生在其他的手指上。

123

味道哪里去了

如果认为舌头可以分辨所有食品的味道，那你就错了！因为有时候，我们的舌头会让人很失望哦！

适合年龄 6岁以上　　**游戏人数** 2人以上

游戏时间 15分钟以上　　**游戏准备** 梨、苹果、洋葱、小刀、布条

游戏开始啦

① 用小刀将梨、苹果、洋葱切成同样大小的小片。

② 拿布条蒙住小伙伴的眼睛。

③ 把梨片、洋葱片、苹果片放到小伙伴的舌头上，让他品尝味道，但要求他不要嚼。在他品尝食物的同时，捏住他的鼻子。

④ 请他说说给他吃的是什么食物。信不信，他肯定答不出来。

小游戏中的 大学问

食物的味道其实是滋味、气味和食物口感的结合。辨别滋味不仅靠味觉，还要靠嗅觉、视觉等其他感觉以及冷热、老嫩等食物性质。当人的嗅觉和味觉作用被抑制以后，就品尝不出食物的味道了。

手掌识人

我们可以不用眼睛只用手掌就能"认"出面前的人是谁！不信的话，就来玩玩这个游戏吧！

适合年龄 5岁以上　**游戏人数** 10人以上

游戏时间 20分钟以上　**游戏准备** 布条

游戏开始啦

1. 用布条蒙住一个小伙伴的眼睛，其余小伙伴围在他周围。

2. 让被遮住眼睛的小伙伴先转两圈，再用手摸其他伙伴的脸。

3. 让摸人的小伙伴猜猜他摸到的人都是谁。结果，他每次都能准确地说出被摸小伙伴的名字。

小游戏中的大学问

皮肤是我们的触觉器官，它的下面分布许多神经感受器，可以向大脑提供外界的信息。在全身的皮肤中，手指的皮肤是最灵敏的。所以，小伙伴不用眼睛看，只需要用手摸摸对方的脸，根据摸出的感觉再加上平时对伙伴的了解，就可以辨认出对方是谁了。

shǒu zhǎng shang de dòng
手掌上的洞

zuò zuo xià miàn zhè ge xiǎo yóu xì　nǐ huì fā xiàn shǒu zhǎng shang jū rán huì chū
做做下面这个小游戏，你会发现手掌上居然会出

xiàn yī ge dòng
现一个洞！

适合年龄 6岁以上　**游戏人数** 1人以上

游戏时间 15分钟以上　**游戏准备** 1张纸

yóu xì kāi shǐ la
游戏开始啦

jiāng zhǐ juǎn chéng yī ge zhǐ tǒng
❶ 将纸卷成一个纸筒。

yòng yòu yǎn wǎng zhǐ tǒng lǐ miàn kàn qù　tóng shí bǎ zuǒ shǒu zhǎng xīn cháo nèi jǔ dào zhǐ tǒng
❷ 用右眼往纸筒里面看去，同时把左手掌心朝内举到纸筒

biān　nǐ kě yǐ kàn dào yī ge dòng chū xiàn zài nǐ de shǒu zhǎng shang
边。你可以看到一个洞出现在你的手掌上。

小游戏中的大学问

shǒu zhǎng zhōng wèi shén me huì kàn jiàn dòng ne　yīn wèi nǐ de yòu yǎn kàn dào le zhǐ tǒng de lǐ
手掌中为什么会看见洞呢？因为你的右眼看到了纸筒的里

miàn　zuǒ yǎn kàn dào le yī zhǐ shǒu zhǎng　ér wǒ men yǎn jing kàn dào de yǐng xiàng　shì tōng guò dà nǎo jù
面，左眼看到了一只手掌，而我们眼睛看到的影像，是通过大脑聚

hé chéng de yī ge lì tǐ de yǐng xiàng　dāng zhǐ tǒng de yuán kǒng yǔ shǒu zhǎng de yǐng xiàng jù hé zài yī qǐ
合成的一个立体的影像。当纸筒的圆孔与手掌的影像聚合在一起

shí　zài nǐ de dà nǎo zhōng jiù huì xíng chéng shǒu zhǎng shang yǒu ge dòng de tú àn
时，在你的大脑中就会形成手掌上有个洞的图案。

食指胜过拳头

和小伙伴比比力气吧！你可以用两根手指胜过他的拳头哦！

适合年龄 6岁以上　　**游戏人数** 2人以上

游戏时间 15分钟以上　　**游戏准备** 1只纸杯、1杯清水、1把凿子

游戏开始啦

① 让小伙伴将两只胳膊伸直，用力握紧拳头，然后将两个拳头上下重叠起来。

② 你用两根食指轻轻按住伙伴两只手的手背，然后各向里推。

结果，小伙伴重叠在一起的拳头很快就松开了。

小游戏中的 大学问

用手握拳 上下相叠的人，力量都集中在相叠的接触点上。用食指按住他的手背侧向轻推，拳头会向两个相反的方向运动，这样就能将双拳分离。

127

用手指识字
yòng shǒu zhǐ shí zì

你知道盲文吗？盲文就是不用眼睛看而用手指辨认的文字。那么手指又是怎样辨认文字的呢？

适合年龄 6岁以上　　**游戏人数** 2人以上

游戏时间 20分钟以上　　**游戏准备** 1个布条、1块硬纸片、1枚针

游戏开始啦
yóu xì kāi shǐ la

❶ 在硬纸板上写"小游戏大学问"几个字，不让小伙伴看见。

❷ 用针从反面在这些字上扎洞。

❸ 拿布条将小伙伴的眼睛遮起来，请他用手指摸字并说出摸的是什么字。结果，小伙伴顺利地认出了每一个字。

小游戏中的大学问

手指的皮肤高度灵敏，那里有很多神经感受器，能觉察出凹凸的变化。当手指接触这些凹凸的笔画时，头脑中就会联想起字的形象，因此，用手指能辨认出文字。

má mù de shǒu zhǐ
麻木的手指

dōng tiān de shí hou, wǒ men lù zài wài miàn de shǒu wèi shén me hěn má mù ne
冬天的时候，我们露在外面的手为什么很麻木呢？

gēn wǒ yī qǐ zhǎo zhao yuán yīn ba
跟我一起找找原因吧！

适合年龄 6 岁以上　　**游戏人数** 1 人以上

游戏时间 5 分钟以上　　**游戏准备** 几个冰块、1 支削尖的铅笔、1 个布条

yóu xì kāi shǐ la
游戏开始啦

jiāng yǎn jing yòng bù tiáo méng zhù, yòng mǔ zhǐ, shí zhǐ hé zhōng zhǐ
① 将眼睛用布条蒙住，用拇指、食指和中指

jiā zhù xiǎo bīng kuài
夹住小冰块。

jiā jǐ fēn zhōng hòu, yòng bǐ jiān chuō qí zhōng yī ge zhǐ tóu
② 夹几分钟后，用笔尖戳其中一个指头，

jié guǒ, shǒu zhǐ jìng rán méi yǒu gǎn jué
结果，手指竟然没有感觉。

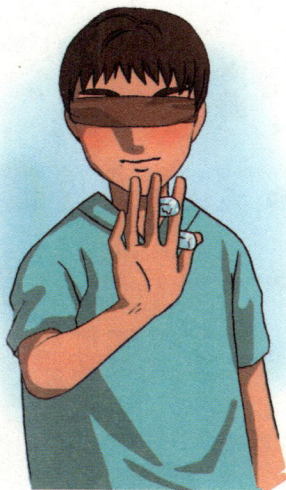

小游戏中的 **大**学问

bīng kuài lěng què le zhǐ jiān shang de pí fū, wèi le bì miǎn shòu dòng
冰块冷却了指尖上的皮肤，为了避免受冻，

shēn tǐ huì zuò chū fǎn yìng, shǐ yǔ bīng kuài jiē chù de pí fū biàn de má
身体会做出反应，使与冰块接触的皮肤变得麻

mù, tóng shí chù jué shén jīng gǎn shòu qì yě bù zài xiàng dà nǎo fā sòng yǒu
木，同时触觉神经感受器也不再向大脑发送有

guān xìn xī, suǒ yǐ, nǐ āi le zhā yě gǎn jué bù dào tòng
关信息。所以，你挨了扎也感觉不到痛。

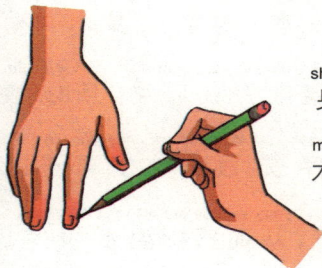

rè hái shì lěng
热还是冷

tóng yàng yī pén wēn shuǐ　nǐ de liǎng zhī shǒu què yī ge gǎn jué rè　yī ge gǎn
同样一盆温水，你的两只手却一个感觉热，一个感

jué liáng　dào dǐ shì zěn me huí shì ne
觉凉，到底是怎么回事呢？

适合年龄 6岁以上　　**游戏人数** 1人以上

游戏时间 5分钟以上　　**游戏准备** 1盆热水、1盆冷水、
　　　　　　　　　　　　　　　　1盆温水

yóu xì kāi shǐ la
游戏开始啦

jiāng zuǒ shǒu jìn pào zài lěng shuǐ zhōng　yòu shǒu pào zài rè shuǐ zhōng
❶ 将左手浸泡在冷水中，右手泡在热水中。

liǎng fēn zhōng hòu　ná chū shuāng shǒu bìng tóng shí jìn pào zài wēn shuǐ zhōng　jié guǒ　nǐ de
❷ 两分钟后，拿出双手并同时浸泡在温水中。结果，你的

zuǒ shǒu huì gǎn jué wēn shuǐ hěn rè　yòu shǒu gǎn jué wēn shuǐ hěn liáng
左手会感觉温水很热，右手感觉温水很凉。

小游戏中的大学问

shǒu shang de shén jīng gǎn shòu qì zài gǎn zhī wēn dù shí　yǒu yī ge
手上的神经感受器在感知温度时，有一个

cān zhào dù　jiāng zuǒ shǒu xiān jìn rù lěng shuǐ　zài jìn rù wēn shuǐ　liǎng
参照度。将左手先浸入冷水，再浸入温水，两

zhě duì bǐ　zuǒ shǒu jiù huì yǐ lěng shuǐ wēn dù wéi cān zhào dù　suǒ yǐ gǎn
者对比，左手就会以冷水温度为参照度，所以感

jué wēn shuǐ hěn rè　tóng lǐ　jiāng yòu shǒu xiān fàng jìn rè shuǐ zài jìn rù
觉温水很热。同理，将右手先放进热水再浸入

wēn shuǐ　yòu shǒu yǐ rè shuǐ wéi cān zhào dù　cóng ér gǎn jué wēn shuǐ hěn liáng
温水，右手以热水为参照度，从而感觉温水很凉。

捡不起来的钞票

信不信，一张钞票放在离你30厘米的地方，你却不能将它捡起来！

适合年龄	6 岁以上	游戏人数	2 人以上
游戏时间	15 分钟以上	游戏准备	1 张钞票

游戏开始啦

❶ 笔直地靠着墙壁站好，脚后跟靠墙，双脚并拢。让小伙伴在你脚前方大约30厘米的地方放一张钞票。

❷ 不要移动脚，也不要弯曲膝盖，试着去捡这张钞票。结果，无论你怎样用力，都捡不起钞票来。

小游戏中的大学问

当你靠墙站立时，重心就在脚上。当你向前倾斜捡钞票时，重心也会前倾。但此时，为了保持重心稳定和身体平衡，你必须迈开脚步，而规则却是不能移动双脚，所以你无法捡起钞票。如果你一定要非常努力地去捡，就会失去平衡，最终摔倒。

耳朵的秘密

做一个耳朵模型，看看声音是怎样传到我们耳朵里的。

适合年龄 6岁以上　　**游戏人数** 1人以上

游戏时间 20分钟以上　　**游戏准备** 1张纸、1个纸筒、1张纸板、1片塑料膜、1只手电筒、1卷胶带

游戏开始啦

① 把纸卷成锥形管，用胶带粘牢。

② 用塑料膜罩住纸筒的一端并用胶带粘牢，然后再将锥形管小口的一端放在纸筒里并用胶带固定。这样就做成了耳朵的模型。

③ 将纸板竖在桌上，用手电照射薄膜，使光点出现在纸板上。

④ 对着锥形管大声唱歌，结果，光点快速抖动。

小游戏中的大学问

大声唱歌，声波使塑料膜晃动，光点也随之晃动。塑料膜像鼓膜，纸筒像耳道，锥形管像外耳。当声波震动时，声波从外耳传到耳道内的鼓膜，鼓膜再把信号传给大脑，于是就听到了声音。

怪味橙汁

奇怪，酸酸甜甜的橙汁怎么变成怪怪的味道了？

适合年龄 6 岁以上　　**游戏人数** 1 人以上

游戏时间 10 分钟以上　　**游戏准备** 牙膏、牙刷、1 小杯橙汁

游戏开始啦

❶ 喝一小口橙汁，品一品它的味道，然后用水漱口。

❷ 先用牙膏刷牙，再用水漱口，并品尝橙汁。这时，酸酸甜甜的橙汁就变得特别苦了。

小游戏中的大学问

我们的舌头上布满了味蕾，这些味蕾可以辨别出四种基本味道：甜、咸、酸和苦。牙膏中含有一种特殊的物质，这种物质可以改变橙汁中柠檬酸的味道，使其酸味没有改变，而苦味却增加了 10 倍。

shū xiě cuò wù
书写"错误"

wǒ huì fǎn zhe xiě zì　　nǐ huì ma
我会反着写字，你会吗？

适合年龄 6岁以上　　游戏人数 1人以上

游戏时间 10分钟左右　　游戏准备 1张卡片、1支笔

yóu xì kāi shǐ la
游戏开始啦

jiāng kǎ piàn fàng zài nǐ de qián é shang　　àn zhào zhèng cháng de shū xiě xí guàn　　zài kǎ piàn
❶ 将卡片放在你的前额上，按照正常的书写习惯，在卡片

shang píng gǎn jué xiě xià jǐ ge zì
上凭感觉写下几个字。

fàng xià kǎ piàn　　jiǎn chá nǐ xiě de zì　　nǐ huì jīng qí de fā xiàn zì de shùn xù　　fāng xiàng
❷ 放下卡片，检查你写的字，你会惊奇地发现字的顺序、方向

yǔ nǐ xiǎng xiě de qià qià xiāng fǎn
与你想写的恰恰相反。

小游戏中的大学问

jiāng kǎ piàn fàng zài qián é　　tóu nǎo zhōng zhī pèi zuǒ yòu zhī tǐ de gǎn
将卡片放在前额，头脑中支配左右肢体的感

shòu qì jiù huì fā shēng hùn luàn　　nǐ zài hùn luàn de　　zhī tǐ zhǐ huī zhōng xīn
受器就会发生混乱。你在混乱的"肢体指挥中心"

de tiáo kòng xià yī zhào cuò wù de gǎn jué　　bù yóu zì zhǔ de xiě xià zuǒ yòu
的调控下依照错误的感觉，不由自主地写下左右

shùn xù hé fāng xiàng xiāng fǎn de zì　　rén tǐ zhēn shì yī mén qí miào de kē
顺序和方向相反的字。人体真是一门奇妙的科

xué ya
学呀！

变黑的皮肤

为什么常常晒太阳会使我们的皮肤变黑呢？现在我们就来"研究"一下这个问题吧！

适合年龄 6岁以上　　**游戏人数** 1人以上

游戏时间 3天以上　　**游戏准备** 一些药用橡皮膏

游戏开始啦

❶ 在手指上贴上一圈橡皮膏。

❷ 将手放在太阳下晒几天。（在手上抹一些防晒霜以免晒伤）。

❸ 撕掉橡皮膏，可以看到原先贴着橡皮膏的手指皮肤要比其余地方的皮肤白得多。

小游戏中的大学问

皮肤中有种叫黑色素的物质，决定了皮肤颜色的深浅。经常晒太阳，太阳光照在裸露的皮肤上，会引起黑色素的大量生成，从而使你的皮肤变黑。而贴了橡皮膏的皮肤，因为没有受到太阳的照射，黑色素不会增多，所以该处仍然看起来很白。

血色文字

xuè sè wén zì

nǐ zhù yì guò méi yǒu，yòng shǒu zhǐ jia kě yǐ zài shǒu bì shang xiě yī háng mì

你注意过没有，用手指甲可以在手臂上写一行秘

mì de wén zì

密的文字！

适合年龄 6岁以上　　**游戏人数** 1人以上

游戏时间 10分钟以上　**游戏准备** 剪掉指甲以免剐伤

游戏开始啦

yòng shǒu zhǐ jia zài shǒu bì nèi cè xiě xià yī háng zì

❶ 用手指甲在手臂内侧写下一行字，

zhù yì bù yào guǎ shāng pí fū　yě bù yào yòng lì guò xiǎo

注意不要剐伤皮肤，也不要用力过小。

guò yī huìr　děng zhè háng zì zì dòng xiāo shī hòu　mó cā zhè kuàir　pí fū　nǐ huì fā

❷ 过一会儿，等这行字自动消失后，摩擦这块儿皮肤，你会发

xiàn zhè háng zì　yǐ xuè hóng sè chū xiàn

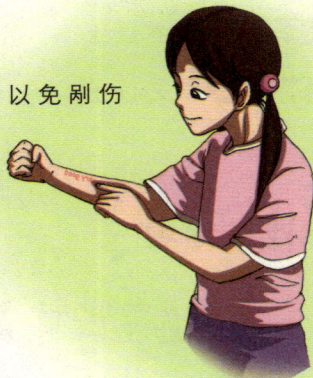

现这行字以血红色出现。

小游戏中的大学问

dāng yòng zhǐ jia zài shǒu bì shang xiě zì shí　nǐ tóng shí guā qù le zhè kuài pí fū biǎo céng lǎo sǐ

当用指甲在手臂上写字时，你同时刮去了这块皮肤表层老死

de xì bāo　ér mó cā pí fū huì gěi xuè guǎn jiā wēn bìng cì jǐ xuè guǎn nèi xuè yè de liú dòng　yú shì

的细胞。而摩擦皮肤会给血管加温并刺激血管内血液的流动，于是

zhè háng wén zì jiù xiǎn shì chū lái le　yòu yóu yú bèi guā guò de pí fū yào bǐ méi guā guò de pí fū báo

这行文字就显示出来了。又由于被刮过的皮肤要比没刮过的皮肤薄，

ér qiě shī qù lǎo sǐ xì bāo de bǎo hù　suǒ yǐ wén zì jiù yǐ hóng sè xuè yè de yán sè xiǎn shì le chū lái

而且失去老死细胞的保护，所以文字就以红色血液的颜色显示了出来。

皮肤上的气象图

pí fū shang de qì xiàng tú

nǐ zhī dào ma wǒ men pí fū shang tiān shēng jiù yǒu yī zhāng qì xiàng tú

你知道吗？我们皮肤上天生就有一张"气象图"！

适合年龄 6岁以上　　游戏人数 1人以上

游戏时间 20分钟以上　　游戏准备 1小块铁

游戏开始啦
yóu xì kāi shǐ la

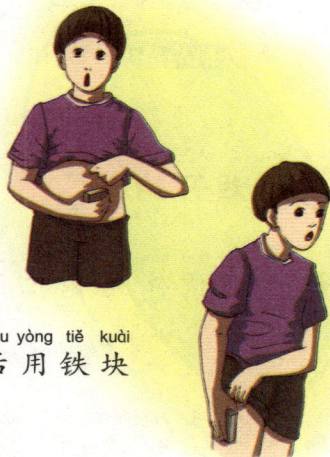

dào yù shì dǎ kāi lěng shuǐ lóng tóu chōng shī tiě kuài rán hòu yòng tiě kuài

❶ 到浴室，打开冷水龙头冲湿铁块，然后用铁块

yī duān qù pèng shēn tǐ de mǒu ge bù wèi

一端去碰身体的某个部位。

chóng xīn yòng lěng shuǐ chōng tiě kuài zài shì zhe qù pèng shēn tǐ de bù tóng bù wèi

❷ 重新用冷水冲铁块，再试着去碰身体的不同部位。

yòng rè shuǐ chōng tiě kuài zài yòng tiě kuài qù pèng shēn tǐ de bù tóng bù wèi jié guǒ fā xiàn

❸ 用热水冲铁块，再用铁块去碰身体的不同部位。结果发现

shēn tǐ bù tóng de bù wèi duì lěng rè de gǎn jué dōu bù yī yàng

身体不同的部位，对冷、热的感觉都不一样。

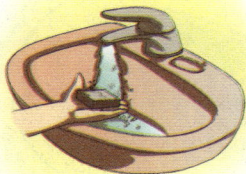

小游戏中的大学问

rén duì wēn dù de gǎn jué shì yóu pí fū de lěng gǎn shòu qì hé rè gǎn shòu qì zuò chū de lěng

人对温度的感觉，是由皮肤的冷感受器和热感受器做出的。冷

gǎn shòu qì bù jūn yún de fēn bù zài shēn tǐ biǎo miàn tā zhǐ duì dī yú tǐ wēn de wēn dù mǐn gǎn rè

感受器不均匀地分布在身体表面，它只对低于体温的温度敏感。热

gǎn shòu qì fēn bù zài tǐ biǎo jiào shēn chù zhǐ duì gāo yú tǐ wēn de wēn dù mǐn gǎn

感受器分布在体表较深处，只对高于体温的温度敏感。

不自觉的运动

在跑步机上运动完了再来做原地踏步，你会吗？

适合年龄 6岁以上　　游戏人数 2人以上

游戏时间 10分钟以上　游戏准备 1台跑步机、1根可以遮住眼睛的布条

游戏开始啦

❶ 让小伙伴先在跑步机上缓步前行，再用布条将他的双眼蒙上，并让他保持缓行状态，别停下。

❷ 持续几分钟后，关闭机器，然后帮助小伙伴从跑步机上下来，注意不要将他眼睛上的布条取下来。

❸ 让小伙伴原地踏步，结果，小伙伴却不自觉地向前移动了。

小游戏中的大学问

在跑步机上没有前进是因为跑步机正以同样的速度向后运动。人的神经决定肌肉如何运动。慢步缓行这种重复运动会让正在发生作用的某些神经产生疲劳，当运动突然停下来时，这些神经却让你以相同的方式继续向前移动。

diǎn bù qǐ de jiǎo
踮不起的脚

fēi cháng róng yì de diǎn jiǎo yùn dòng dàn zhè cì nǐ què zuò bù dào bù xìn
非常容易的踮脚运动,但这次你却做不到,不信?

shì shi kàn ba
试试看吧!

适合年龄 6 岁以上　　游戏人数 1 人以上

游戏时间 5 分钟以上　　游戏准备 找 1 扇房门

游戏开始啦

kào zhe dǎ kāi de fáng mén biān yuán zhàn lì shǐ bí jiān hé fù bù qīng qīng de jiē chù mén fēi
❶ 靠着打开的房门边缘站立,使鼻尖和腹部轻轻地接触门扉,

shuāng jiǎo fàng zài mén de liǎng biān
双脚放在门的两边。

shì zhe diǎn qǐ jiǎo dàn jiǎo gēn què zěn me yě lí bù kāi dì miàn
❷ 试着踮起脚,但脚跟却怎么也离不开地面。

小游戏中的大学问

rén yí dòng shí shì suí zhe zhòng xīn yí dòng de wèi le diǎn qǐ
人移动时是随着重心移动的。为了踮起

jiǎo bì xū jiāng shēn tǐ de zhòng xīn xiàng qián yí dàn yīn wèi qián fāng yǒu
脚,必须将身体的重心向前移,但因为前方有

mén zǔ dǎng wú fǎ yí dòng zhòng xīn suǒ yǐ diǎn qǐ jiǎo zhè ge dòng zuò
门阻挡,无法移动重心,所以踮起脚这个动作

nǐ jiù wú fǎ zuò dào le
你就无法做到了。

打赌,你站不起来

信不信,只要你保持下面游戏中的姿势,你就永远也站不起来!

- **适合年龄** 6岁以上
- **游戏人数** 1人以上
- **游戏时间** 10分钟以上
- **游戏准备** 找1面墙壁

游戏开始啦

❶ 脚尖顶着墙壁站直,然后后退四步,双脚并拢,双手撑墙,身体尽可能向墙壁倾斜。

❷ 把头抵在墙壁上,双手放回身体两侧,保持手脚不动,试着用力站起来。信不信,不管用多大的劲儿,你就是站不起来。

小游戏中的大学问

当你的头抵着墙壁的时候,重心在你的两个基点——头和脚之间。为了能够重新站起来,你必须把重心移回到双脚的正上方。由于不能使用手和脚,只能靠背部肌肉把你拉起来,在这种状态下背部力量又不够大,所以,不管用多大的力气,你就是站不起来。

小游戏中的大学问

dì wǔ zhāng
第五章

xún zhǎo lóng zhū de shù xué mào xiǎn
寻找龙珠的数学冒险

xiǎo péng yǒu jiā rù wǒ men xún zhǎo lóng zhū de shù xué mào xiǎn huó dòng
小朋友，加入我们"寻找龙珠的数学冒险"活动

ba zài shù xué mào xiǎn huó dòng lǐ miàn yǒu xǔ duō jīng cǎi yǒu qù de xiǎo yóu
吧！在数学冒险活动里面，有许多精彩有趣的小游

xì shù zì shuǐ huā gěi diǎn yán sè qiáo qiao jīn zì tǎ gǔ jià
戏："数字水花"、"给点颜色瞧瞧"、"金字塔骨架"、

pài duì qiào pí mào tú xíng gǎn yīng měi wán chéng yī ge xiǎo yóu xì
"派对俏皮帽"、"图形感应"……每完成一个小游戏，

jiù děng yú dé dào yī kē lóng zhū yāo shàng xiǎo huǒ bàn
就等于得到一颗"龙珠"。邀上小伙伴

yī qǐ lái bǐ bi nǐ men shuí gèng cōng míng néng gòu dé dào
一起来，比比你们谁更聪明，能够得到

gèng duō de lóng zhū ba
更多的龙珠吧！

shù zì pái pai kàn
数字排排看

suí biàn gěi nǐ jǐ ge shù zì　　　 nǐ néng hěn kuài de yòng tā pái chū zuì dà shù
随便给你几个数字，你能很快地用它排出最大数

hé zuì xiǎo shù ma
和最小数吗？

适合年龄 6岁以上　　**游戏人数** 3人以上

游戏时间 30分钟以上　　**游戏准备** 10张卡纸、几支铅笔

yóu xì kāi shǐ la
游戏开始啦

xiān jiāng shù zì 1 dào 9 fēn bié xiě zài jiǔ zhāng kǎ zhǐ shang
❶ 先将数字1到9分别写在九张卡纸上，

zài yòng shèng xià de yī zhāng kǎ zhǐ zuò wéi jì fēn kǎ
再用剩下的一张卡纸作为记分卡。

nǐ hé xiǎo huǒ bàn gè chōu chū sān zhāng kǎ zhǐ　 pái liè kǎ zhǐ shang de shù zì　 nǐ men néng
❷ 你和小伙伴各抽出三张卡纸，排列卡纸上的数字。你们能

pái chū de zuì dà shù mù hé zuì xiǎo shù mù fēn bié shì duō shao ne　 shuí néng pái chū zuì dà
排出的最大数目和最小数目分别是多少呢？谁能排出最大

huò zuì xiǎo de shù　 shuí jiù huò dé yī fēn
或最小的数，谁就获得一分。

小游戏中的 大学问

shù shì yóu shù zì zǔ chéng de　　 jiù xiàng yīng yǔ dān cí shì yóu yīng yǔ zì mǔ zǔ chéng yī yàng　 shù
数是由数字组成的，就像英语单词是由英语字母组成一样。数

zì de wèi zhì　 duì shù zhí de dà xiǎo yǒu hěn dà de yǐng xiǎng　 wèi shù xiāng tóng de shù rú guǒ yào bǐ jiào
字的位置，对数值的大小有很大的影响。位数相同的数如果要比较

dà xiǎo　 yīng xiān cóng zuǒ biān de shù zì kāi shǐ bǐ　 zuǒ biān de shù zì yuè dà　 nà ge shù jiù yuè dà
大小，应先从左边的数字开始比，左边的数字越大，那个数就越大。

huà shù zì
画数字

zài zhè ge yóu xì li nǐ kě yǐ shè jì yī ge shǔ yú zì jǐ de shù zì
在这个游戏里，你可以设计一个属于自己的数字！

适合年龄 6岁以上　　**游戏人数** 1人以上

游戏时间 20分钟以上　　**游戏准备** 1张大白纸、铅笔、彩笔

yóu xì kāi shǐ la
游戏开始啦

xiān zài zhǐ shang huà　ge xiǎo gé zi　zài tiāo xuǎn yī ge liǎng wèi shù　xuǎn　ba
❶ 先在纸上画20个小格子，再挑选一个两位数——选12吧！

zài gé zi shang fēn bié huà chū　ge gé zi hé　ge gé zi　jiē zhe　zài zhè liǎng ge
❷ 在格子上分别画出10个格子和2个格子。接着，在这两个

fàn wéi li　huà shàng xiāng duì yìng de shù zì　hé
范围里，画上相对应的数字——1和2。

yòng sè cǎi hé huā yàng diǎn zhuì nǐ de shù zì
❸ 用色彩和花样点缀你的数字。

小游戏中的 **大**学问

shù wèi shì zhǐ yī ge shù zhōng de shù zì suǒ zhàn de
数位是指一个数中的数字所占的

wèi zhì　rú　zhōng de　zài yòu qǐ dì　wèi　jí
位置。如9357中的"5"在右起第2位，即

suǒ zài de shù wèi shì shí wèi　wèi shù shì zhǐ yī ge shù shì yòng jǐ ge shù zì xiě chū lái de　zuì
"5"所在的数位是十位。位数是指一个数是用几个数字写出来的（最

zuǒ duān shù zì bù néng shì líng　yǒu jǐ ge shù zì jiù shì jǐ wèi shù　rú　shì sì wèi shù
左端数字不能是零），有几个数字就是几位数。如3279是四位数。

最高得分
zuì gāo dé fēn

wán wan zhè ge yǒu qù de yóu xì ba　kàn kan nǐ zuì gāo néng dé duō shao fēn
玩玩这个有趣的游戏吧！看看你最高能得多少分？

适合年龄 6岁以上　　**游戏人数** 2人以上

游戏时间 20分钟以上　　**游戏准备** 1张白纸、1个骰子、笔

游戏开始啦
yóu xì kāi shǐ la

jiāng nǐ hé xiǎo huǒ bàn de míng zi fēn háng xiě zài bái zhǐ shang　bìng zài měi ge rén de míng zi
① 将你和小伙伴的名字分行写在白纸上，并在每个人的名字

hòu miàn huà shàng liǎng ge bìng pái de fāng kuàng
后面画上两个并排的方框。

lún liú rēng tóu zi　jiāng rēng chū de shù zì tián zài zì jǐ míng zi hòu miàn de kuàng li
② 轮流扔骰子，将扔出的数字填在自己名字后面的框里。

suǒ yǒu rén tián mǎn liǎng ge kuàng hòu　zài zài zì jǐ de nà liǎng ge kuàng zhī jiān tián shàng　huò
③ 所有人填满两个框后，再在自己的那两个框之间填上 >、= 或 <

fú hào　shuí tián de duì　shuí jiù kě yǐ dé fēn　fēn zhí shì shì zi hòu miàn nà ge shù zì
符号。谁填得对，谁就可以得分。分值是式子后面那个数字。

小游戏中的大学问

wèi le biǎo shì yī ge shù bǐ lìng wài yī ge shù xiǎo
为了表示一个数比另外一个数小

huò zhě dà　shù xué jiā zhì dìng le xiāng guān de fú hào
或者大，数学家制定了相关的符号：>、

liǎng biān de shù biǎo shì xiāng děng　wèi yú
=、<，"="两边的数表示相等，位于

bù děng hào kāi kǒu nà biān de shù bǐ jiào dà
>、<不等号开口那边的数比较大。

shù zì cāi cāi cāi
数字猜猜猜

nǐ xǐ huan gēn rén chàng fǎn diào ma   jīn tiān   wǒ men jiù   lái chàng chàng shù xué
你喜欢跟人唱反调吗？今天，我们就来唱 唱数学

fǎn diào   ba
"反调"吧！

适合年龄 6 岁以上　　　**游戏人数** 2 人以上

游戏时间 20 分钟以上　　**游戏准备** 一些长方形的硬纸、彩色铅笔

yóu xì kāi shǐ la
游戏开始啦

ná yī zhāng kǎ zhǐ   zhé chéng sān gé
① 拿一张卡纸，折成三格。

xuǎn yī ge chéng fǎ wèn tí   lì rú
② 选一个乘法问题，例如：2×8 = 16，

hé zhè liǎng ge shù shì yīn shù   dá àn   shì
2 和 8 这两个数是因数，答案 16 是

chéng jī   jiāng chéng jī xiě zài zhōng jiān   yīn shù xiě zài liǎng cè   àn zhào zhè yàng   jiāng bù
乘积。将乘积写在中间，因数写在两侧。按照这样，将不

tóng de chéng fǎ xiě dào yìng zhǐ shang   zuò yī dié dà yuē èr shí zhāng de kǎ piàn
同的乘法写到硬纸上，做一叠大约二十张的卡片。

tiāo xuǎn yī zhāng kǎ piàn   jiāng qí zhōng yī ge yīn shù zhé dào hòu miàn   ràng xiǎo huǒ bàn shuō chū zhè ge yīn shù
③ 挑选一张卡片，将其中一个因数折到后面，让小伙伴说出这个因数。

小游戏中的大学问

wǒ men jiāng liǎng ge yīn shù xiāng chéng   dé dào chéng jī   rú guǒ shì lì yòng chéng jī chú yǐ qí
我们 将 两个因数相 乘，得到乘积。如果是 利用 乘积除以其

zhōng yī ge yīn shù   dé dào lìng yī ge yīn shù   zhè jiù jiào zuò   nì yùn suàn
中一个因数，得到另一个因数，这就叫做"逆运算"。

神算子

不看书上的页码，你能算出一本厚书大概有多少页吗？

适合年龄 6岁以上		**游戏人数** 1人以上	
游戏时间 20分钟以上		**游戏准备** 1张纸、1支笔、几本书	

游戏开始啦

❶ 先统计几个章节的页码数，再估算出每一章的平均页码，然后再用平均页数乘以全书的章节数，这样就可以得到一个大概的答案了。

❷ 翻看书里的页码，检查自己的答案。能不能想个更好的方法来解决这个问题呢？

小游戏中的 大学问

为了更准确地得出书籍的页码，我们可以多统计几章页码，先算出每章的平均页码，再乘以章节数，这样得出的数会更准确。我们做事情，要善于分析和总结，这样，做起事情来就容易多了。

透视眼

其实，无论做什么事情，只要充分掌握了其中的规律，就好比拥有了一双"透视眼"！

适合年龄 5岁以上　　**游戏人数** 2人以上

游戏时间 20分钟以上　　**游戏准备** 1个骰子

游戏开始啦

❶ 投掷几次骰子。记录骰子朝上那一面的点数，以及藏在下面的点数。

❷ 有没有注意到什么规律呢？如果你看出其中的规律了，就可以进行这个小游戏啦！对着邀请来的小伙伴说：我有一双透视眼，可以看穿骰子，看到藏在底下的那个数！

小游戏中的 大学问

你知道吗？游戏的诀窍就在于骰子相对两面的点数加起来等于7。如果朝上那一面是3，那么藏着的那一面必定是4。同样，朝上那一面是2，那么藏着的那一面必定是5。

gōng píng fēn xiǎng
公平分享

mā ma gào su wǒ men　　yǒu hǎo chī de dōng xi yào yǔ xiǎo huǒ bàn yī　qǐ fēn xiǎng
妈妈告诉我们，有好吃的东西要与小伙伴一起分享。

rú guǒ zhǐ yǒu yī ge píng guǒ　　wǒ men sì ge xiǎo huǒ bàn gāi zěn me fēn xiǎng ne
如果只有一个苹果，我们四个小伙伴该怎么分享呢？

适合年龄 6岁以上　　**游戏人数** 4人

游戏时间 10分钟以上　　**游戏准备** 一个苹果、小刀

yóu xì kāi shǐ la
游戏开始啦

yòng xiǎo dāo jiāng píng guǒ cóng zhōng jiān qiē kāi　　zhè ge
❶ 用小刀将苹果从中间切开，这个

píng guǒ jiù biàn chéng le dà xiǎo chà bù duō de liǎng bàn
苹果就变成了大小差不多的两半。

zài jiāng liǎng ge bàn biān fēn bié cóng zhōng jiān qiē kāi　　dé dào de jiù shì sì kuài dà xiǎo chà
❷ 再将两个半边分别从中间切开，得到的就是四块大小差

bù duō de píng guǒ
不多的苹果。

jiāng qí zhōng de sān kuài píng guǒ fēn gěi qí yú de xiǎo péng yǒu　　zì jǐ liú xià yī kuài
❸ 将其中的三块苹果分给其余的小朋友，自己留下一块。

小游戏中的 大学问

yī ge píng guǒ qiē chéng jǐ kuài hòu　　měi yī kuài shì zhěng ge píng guǒ de yī bù fen　　yě jiù shì yī
一个苹果切成几块后，每一块是整个苹果的一部分，也就是一

ge fēn shù　　jiāng píng guǒ qiē chéng dà xiǎo xiāng tóng de liǎng bàn　　měi kuài shì yī ge píng guǒ de　　zài
个分数。将苹果切成大小相同的两半，每块是一个苹果的1\2。再

jiāng zhè liǎng bàn píng guǒ fēn bié qiē chéng dà xiǎo xiāng tóng de liǎng kuài　　měi kuài shì yī ge píng guǒ de
将这两半苹果分别切成大小相同的两块，每块是一个苹果的1\4。

数字水花

小数是很有个性的数字哦，小数中间都有一个小小的点，就像数字海洋里溅起的一朵朵小水花！

适合年龄 6岁以上　　**游戏人数** 2人以上

游戏时间 15分钟以上　　**游戏准备** 硬纸、剪刀、水彩笔

游戏开始啦

① 从硬纸上剪下一叠约20张的水洼形卡片。

② 在卡片的边缘写一些小数，在卡片的中间也写一个数，注意边缘的小数加起来要等于中间那个数。

③ 轮流拿起一张卡片，盖住其中一个角落，让其他小朋友说出盖住的数是多少。

小游戏中的大学问

这是一个有关小数相加的游戏。小数相加和整数相加一样简单，只要将同一位置的数字加起来就可以了。也就是说，将十位数和十位数相加，个位数和个位数相加，十分位数和十分位数相加。

字母与数字
zì mǔ yǔ shù zì

想不到吧，我们的名字可以换算成数字。小伙伴们，我们来比一比看看谁的名字可以拿到最高分。

适合年龄 6岁以上　　**游戏人数** 5人以上

游戏时间 30分钟以上　　**游戏准备** 卡片、笔、纸

游戏开始啦
yóu xì kāi shǐ la

❶ 在纸上写出每个小伙伴名字的拼音。

❷ 在卡片正面写上英文字母，在背面标上数字。如，卡片"a"的背面标上"1"；"b"的背面标上"2"；"c"的背面标上"3"……

❸ 按照第一个小伙伴名字的拼音，抽取卡片。将卡片背面的数加起来就是这个小伙伴名字的得分。

❹ 依次算出其他小伙伴名字的得分，看看谁的分数最高。

小游戏中的大学问

数学里，有时会用英文字母来代替数，这是数学的分支之一——代数。

给点颜色瞧瞧

红、黄、蓝三种颜料按照不同的分量混合在一起，我们就能配出一个五彩斑斓的世界。快来试试吧！

适合年龄 6 岁以上

游戏人数 4 人以上

游戏时间 20 分钟以上

游戏准备 红、蓝、黄颜料、勺子、毛笔、纸、笔、直尺

游戏开始啦

❶ 在纸上画出涂颜色的方格。

❷ 任意选两种颜料，如量取 2 勺红色和 1 勺蓝色，3 勺黄色和 2 勺红色等。

❸ 将量好的颜料混合。用毛笔将混合的颜料涂在表格中，并在表上注明选取的色彩和分量。比比谁调的颜色好看。

小游戏中的**大**学问

颜料按照不同的分量，可以调出不同的颜色。如果是两份红色和一份蓝色的颜料混合，我们就可以说红色与蓝色的比例是 2:1。比例就是表示不同的东西分别以多少分量混合在一起组成的全体。

lái yī bēi zōng hé guǒ zhī
来一杯综合果汁

àn yī dìng de bǐ lì hùn hé gè zhǒng guǒ zhī qì shuǐ kě yǐ tiáo pèi chū
按一定的比例，混合各种果汁、汽水，可以调配出

hěn hǎo hē de yǐn liào zěn me yàng lái cháng chang
很好喝的饮料。怎么样，来尝尝？

适合年龄 5岁以上　　**游戏人数** 3人以上

游戏时间 15分钟以上　　**游戏准备** 橙汁、苹果汁、苏打水、小玻璃杯、大玻璃杯

yóu xì kāi shǐ la
游戏开始啦

zài xiǎo bēi zi zhōng chéng mǎn píng guǒ zhī dào rù dà bō li bēi gòng dào wǔ cì
❶ 在小杯子中盛满苹果汁，倒入大玻璃杯，共倒五次。

zài liàng qǔ liǎng xiǎo bēi chéng zhī dào rù dà bō li bēi zhōng
❷ 再量取两小杯橙汁，倒入大玻璃杯中。

zuì hòu zài dào rù sān xiǎo bēi sū dǎ shuǐ jiǎo bàn jūn yún bìng ràng dà jiā cháng chang hǎo
❸ 最后，再倒入三小杯苏打水，搅拌均匀，并让大家尝尝好

hē bù hǎo hē shì shi qí tā pèi fāng kàn xiào guǒ rú hé
喝不好喝。试试其他配方，看效果如何。

小游戏中的大学问

bǐ lì kě yǐ yòng lái biǎo shì liǎng zhǒng yǐ shàng de dōng
比例可以用来表示两种以上的东

xi hùn hé de fāng shì yóu xì zhōng de hùn hé guǒ zhī
西混合的方式。游戏中的混合果汁，

shì píng guǒ zhī chéng zhī sū dǎ shuǐ àn zhào de
是苹果汁、橙汁、苏打水按照5:2:3的

bǐ lì lái tiáo pèi de
比例来调配的。

鞋子的分类与集合

将家里的鞋子分类，放在合适的地方吧！这样，我们早上起床，很容易就找到自己想穿的鞋子啦。

适合年龄 6 岁以上 　　**游戏人数** 2 人以上

游戏时间 30 分钟以上 　　**游戏准备** 家里的鞋子

游戏开始啦

① 找出家里所有的鞋子，全部摆在地上。

② 试着将这些鞋子分类。可以将大人的鞋放一排，小孩的鞋子另放一排。也可以将妈妈的鞋、爸爸的鞋、自己的鞋各自放一排。还可以将左脚、右脚的鞋各放一排。

③ 试试看有多少种分类的方式。

小游戏中的大学问

家里所有的鞋子构成了一个集合。每一只鞋子就是这个集合中的一个元素。所有的鞋子按照不同的方式，可以分出不同的类别。每一类鞋子都是一个集合，称为全部鞋子这个集合的一个子集。

153

百分比图样

bǎi fēn bǐ tú yàng

wǒ men jīng cháng kàn dào huò tīng dào bǎi fēn bǐ   bǎi fēn bǐ shì zěn me huí shì a
我们经常看到或听到百分比,百分比是怎么回事啊?

适合年龄 7岁以上   **游戏人数** 4人以上

游戏时间 30分钟以上   **游戏准备** 彩笔、硬纸、铅笔、直尺、剪刀

游戏开始啦
yóu xì kāi shǐ la

yòng qiān bǐ hé zhí chǐ zài yìng zhǐ shang huà chū dà xiǎo xiāng děng de   ge gé   yòng cǎi bǐ
❶ 用铅笔和直尺在硬纸上画出大小相等的100个格,用彩笔

tú mǎn qí zhōng   ge kòng gé   yòng lìng wài yán sè de cǎi bǐ tú mǎn shèng xià de kòng gé
涂满其中50个空格,用另外颜色的彩笔涂满剩下的空格。

jǐ ge xiǎo péng yǒu jiāng tú hǎo yán sè de bǎi gé tú dōu ná chū lái bǐ yī bǐ   kàn kan shuí
❷ 几个小朋友将涂好颜色的百格图都拿出来比一比,看看谁

shè jì de tú àn hǎo kàn
设计的图案好看。

小游戏中的 大学问

bǎi fēn bǐ shì yǐ yī bǎi zhī zhōng zhàn duō shao lái
百分比是以一百之中占多少来

biǎo shì fèn shù de yī zhǒng fāng fǎ   bǎi gé tú de
表示份数的一种方法。百格图的100

ge fāng gé zhōng   měi ge fāng gé zhàn   tú shàng tóng yī
个方格中,每个方格占1%。涂上同一

yán sè de yǒu   ge   wǒ men jiù kě yǐ shuō   zhè zhǒng
颜色的有50个,我们就可以说,这种

yán sè zhàn le bǎi gé tú de
颜色占了百格图的50%。

人气风云榜

做一张图表,比比看哪一位流行歌手的人气最旺吧!

适合年龄 8岁以上　　**游戏人数** 6人以上

游戏时间 30分钟以上　　**游戏准备** 纸、铅笔、直尺、彩笔

游戏开始啦

❶ 让同学们说出最喜欢的流行歌手,记下每个歌手的名字和被提到的次数。在纸上,用铅笔和直尺做一个长条图。

❷ 横轴写上歌手的名字,歌手每得到一票就在他(她)对应的纵轴上画一个彩色的方格。不同的歌手要用不同的颜色。这样,我们就可以很直观地看到谁最受欢迎了。

小游戏中的大学问

我们在做各种调查时,会得到一大堆统计资料。为了更清楚地显示资料的内容,我们常常会用到各种图表。长条图就是一种较为直观、实用的图表形式。它能够突显出某种事实,也便于比较。

三角形游戏

三角形有好多种形状呢，快来认识一下它们吧！

适合年龄 7 岁以上　　**游戏人数** 4 人

游戏时间 30 分钟以上　　**游戏准备** 12 张卡片、笔、纸、骰子

游戏开始啦

1. 在 12 张卡片上画上 12 个三角形。正三角形、等腰三角形、直角三角形、不等边三角形各 3 个。

2. 找一个骰子，用白纸盖住每个面。在上面写上两个"祝你好运"及"正三角形"、"等腰三角形"、"直角三角形"、"不等边三角形"。

3. 每人拿 3 张卡片，把卡片放在地板上，轮流投骰子。如果出现了你有的三角形，就将那张卡片盖起来。

小游戏中的大学问

三角形按照形状的不同可以分为不同的类型：正三角形的三条边都相等，等腰三角形只有两条边等长，直角三角形有一个角是直角，三条边都不相等的是不等边三角形。

金字塔骨架

你想建造一座雄伟的金字塔吗？先让我们搭建一个金字塔的骨架吧。

适合年龄 6 岁以上　　**游戏人数** 2 人以上

游戏时间 20 分钟以上　　**游戏准备** 八根塑料吸管、剪刀、黏合剂

游戏开始啦

❶ 先将吸管剪成约 10 厘米长。

❷ 用黏合剂将四根吸管接成一个正方形。

❸ 在正方形的四个角上各粘上一根吸管。

❹ 将角上粘上的吸管向内压弯，直到四根吸管在顶端相接。

用黏合剂将相接的地方粘好，金字塔骨架就做成了。

小游戏中的 大学问

金字塔是一个多面体。这种多面体底部方方正正，上面有一个塔尖，看起来是锥形的。它共有五个面，底部是一个正方形，周围是四个三角形，这种多面体叫做正四角锥。

派对俏皮帽

pài duì qiào pí mào

参加派对时，要是能戴上一顶自己设计的俏皮帽
那该多好玩啊。现在，就让我们来试试吧。

适合年龄 7岁以上　　**游戏人数** 4人以上

游戏时间 20分钟以上　**游戏准备** 硬纸、彩笔、剪刀、胶带、
圆规、彩色纸圈、

游戏开始啦

❶ 先用圆规在硬纸上画一个大圆，再
从圆规的针脚处向圆周画出两条线。

❷ 将大圆剪下来，然后再沿着那两条线剪开。这样一个大圆
就剪成了两个大小不等的扇形。

❸ 用胶带把较大的扇形的两边粘起来，俏皮帽就做好了。

小游戏中的大学问

用圆规画圆时，圆规的针脚处就是圆心。圆心到圆周的距离，
称为半径。从圆心画出两条半径后，就把一个圆分成了两个扇形。
而把扇形的两条边粘起来之后，就做成了一个圆锥。

tú xíng gǎn yìng
图形感应

gēn jù xiǎo huǒ bàn de miáo shù　　nǐ néng cāi chū shì nǎ zhǒng tú xíng ma
根据小伙伴的描述，你能猜出是哪种图形吗？

适合年龄 6岁以上　　**游戏人数** 3人以上

游戏时间 30分钟以上　　**游戏准备** 硬纸卡、剪刀、铅笔、直尺、纸、一个袋子

yóu xì kāi shǐ la
游戏开始啦

shì xiān yòng zhí xiàn zài yìng zhǐ shang huà yī xiē tú xíng　　rán hòu jiǎn xià lái　　fàng jìn dài zi li
❶ 事先用直线在硬纸上画一些图形，然后剪下来，放进袋子里。

ràng yī ge xiǎo huǒ bàn cóng dài zi li tiāo chū yī xiē tú xíng　　bù ràng qí yú de rén kàn dào
❷ 让一个小伙伴从袋子里挑出一些图形（不让其余的人看到）

bìng miáo shù tú xíng
并描述图形。

nǐ hé lìng yī ge xiǎo huǒ bàn gēn jù miáo shù jiāng tú xíng huà xià lái　　shuí huà de zuì xiàng
❸ 你和另一个小伙伴根据描述将图形画下来，谁画得最像，

shuí de tú xíng gǎn yìng jiù yuè qiáng
谁的图形感应就越强。

小游戏中的 大学问

duō biān xíng zhì shǎo yóu sān tiáo zhí biān zǔ chéng　　wǒ men
多边形至少由三条直边组成。我们

cháng cháng yòng biān shù lái chēng hu duō biān xíng　　wǔ tiáo biān de
常常用边数来称呼多边形。五条边的

jiào wǔ biān xíng　　liù tiáo biān de jiào liù biān xíng　　qī tiáo biān de
叫五边形，六条边的叫六边形，七条边的

jiào qī biān xíng　　bù guò　　sān tiáo biān de jiào sān jiǎo xíng ō
叫七边形……不过，三条边的叫三角形哦。

图书在版编目（CIP）数据

让孩子受益终生的小游戏中的大学问／龚勋主编．
—汕头：汕头大学出版社，2012.1（2021.6重印）
ISBN 978-7-5658-0438-0

Ⅰ．①让… Ⅱ．①龚… Ⅲ．①智力游戏—少儿读物
Ⅳ．①G898.2

中国版本图书馆CIP数据核字（2012）第003538号

让孩子受益终生的小游戏中的大学问

RANG HAIZI SHOUYI ZHONGSHENG DE XIAO YOUXI ZHONG DE DA XUEWEN

总 策 划 邢 涛	**印 刷**	唐山楠萍印务有限公司
主 编 龚 勋	**开 本**	705mm×960mm 1/16
责任编辑 胡开祥	**印 张**	10
责任技编 黄东生	**字 数**	150千字
出版发行 汕头大学出版社	**版 次**	2012年1月第1版
广东省汕头市大学路243号	**印 次**	2021年6月第8次印刷
汕头大学校园内	**定 价**	37.00元
邮政编码 515063	**书 号**	ISBN 978-7-5658-0438-0
电 话 0754-82904613		